当代
留学心理
81问

李嘉杰　薛歆然　著

北京理工大学出版社
BEIJING INSTITUTE OF TECHNOLOGY PRESS

图书在版编目（ＣＩＰ）数据

当代留学心理81问／李嘉杰，薛歆然著．—北京：
北京理工大学出版社，2025．8
ISBN 978－7－5763－5500－0

Ⅰ．G444–44

中国国家版本馆CIP数据核字第2025ZY1234号

责任编辑：李慧智　　　**文案编辑**：李慧智
责任校对：王雅静　　　**责任印制**：施胜娟

出版发行 ／ 北京理工大学出版社有限责任公司
社　　址 ／ 北京市丰台区四合庄路6号
邮　　编 ／ 100070
电　　话 ／（010）68944451（大众售后服务热线）
　　　　　　 （010）68912824（大众售后服务热线）
网　　址 ／ http：//www.bitpress.com.cn

版 印 次 ／ 2025 年 8 月第 1 版第 1 次印刷
印　　刷 ／ 三河市华骏印务包装有限公司
开　　本 ／ 889 mm×1194 mm　1／32
印　　张 ／ 7.5
字　　数 ／ 150千字
定　　价 ／ 49.80元

　　第一次踏入伦敦希思罗机场，移民官严肃的表情和漫长的入境队伍，令人感到既疲惫又紧张；求学期间深夜独自前往急诊室，望着空旷的医院走廊，切实体会到身在异乡的无助和凄凉；上课听不懂各种地域味道的英语，下课看不完成堆的书籍和资料；考试通过了成绩不如意，考试没通过觉得自己活着都没有意义……这些片段，不仅仅是某个人的留学记忆，而是我们许多海外留学生共同经历过的真实场景。

　　正是这些亲身经历，让我们想要做些什么，来帮助有需要的留学生积极面对各种挑战和困境，特别是来自心理上的孤独与困惑。我们深知，当这些困惑与迷茫持续发酵却无人倾诉、无人理解时，孤独感和无助感会进一步加深，甚至陷入抑郁、焦虑的困境。正因如此，我们于 2019 年 10 月在伦敦成立了"中国海外留学生心理支持中心（CISC）"，米帮助和支持有需要的海外留学生正确地应对各种心理困扰。时隔六年，我们决定编写这本《当代留学心理 81 问》，希望能为更多有需要的留学生提供具有实践意义的心理支持和成长引导，给予留学生一份温暖而又有力的陪伴。

这本书的作者之一李嘉杰博士具有十余年的海外求学与生活经验，同时也一直从事留学生的心理教练和学业支持工作。另外一位作者薛歆然老师长期为遍及世界各地的留学生进行心理咨询和心智教练支持与服务，具有丰富的实战经验。CISC 的另一位专家团队成员樊松裴老师，曾辗转日本、加拿大、英国留学和工作二十余年，并长期在英国伦敦为有需要的留学生进行面对面的心理咨询和网络心理支持。作为英国皇家医学会资深会员（心理咨询部和营养医学部），国际疗愈师协会认证导师，英国认证静心冥想导师，欧洲著名医学院营养疗愈师，英国古典星象学会会员，樊松裴老师不仅应邀成为 CISC 的创办人之一，同时也为本书的策划、撰写以及案例分析等各方面都提供了非常重要的指导和支持，在此一并表达深深的谢意。

在本书的写作过程中，作者和 CISC 的专家团队一直在充分地交流、互动与碰撞，定期分享遇到的经典咨询案例，深入探讨当前留学生最普遍、最急需解决的心理困扰，不断调整和优化每个问题的解答方式，以确保这些内容真正贴合读者的需求和感受，并给予留学生落地见效的心理支持。

我们相信，留学不仅仅是获取知识的旅程，更是一场心灵的修行与成长，必然要经历现代版《西游记》九九八十一难的磨砺，这也是为什么我们把这本书取名为《当代留学心理81问》的原因。既然唐僧师徒一路降妖伏魔去西天取经时，神通广大的孙悟空一路上也在不断寻求各路神仙的帮助，那么我们独自去海外留学，为何不能寻求更多专业的帮助和支持呢！

所以，作为曾经走过留学之路，如今又以心理咨询师、心智教练身份陪伴留学生群体的我们，深知留学过程不仅充满着成长的机遇，也充满了挑战与不确定性。我们希望这本书不仅可以提供具体而有效的实用心理技能，更能够在你独自面对困难和挑战的时刻，可以连接到我们CISC，获取专业人士的帮助和援助。也许，你会发现，即便你身处孤岛，周围也有无数的电波信号，跟你一起探索突破自我的成长之道。

C O N T E N T S

目 录

第一章

为什么留学前要做好充分的心理建设

1. **扬帆不易：**为什么说留学最难过的是心理关？   4

2. **了解自己：**如何测评你的心理素质和心理状态？   6

3. **这很重要：**你是怎么看待留学这件事情的？   8

4. **有点焦虑：**如何处理当下的分离和未来的不确定？   11

5. **充满期待：**留学将是怎样的一段心路历程？   13

6. **有些迷茫：**如何找到内心的导航系统？   15

7. **很是困扰：**如果你是被迫留学该如何调整心态？   17

8. **五种力量：**如何应对各种意外和挑战并快速成长？   19

9. **留学"心攻略"：**如何充分地做好留学前的心理建设？   21

第二章

为什么留学要经历心灵的九九八十一关

10. **浏览一下：**留学之途最可能遇到哪些崇山峻岭和关卡？　28

11. **留学第一关：**为什么在国内学的语言课好像都白学了？　31

12. **留学第二关：**身处一个新的环境你为啥不会学习了？　34

13. **留学第三关：**吃不惯喝不惯，"胃动力"没有了怎么办？　35

14. **留学第四关：**没同学没朋友，孤独寂寞怎么办？　37

15. **留学第五关：**自己管不住自己，又没人管怎么办？　38

16. **留学第六关：**学不懂学不会，焦虑紧张成绩差怎么办？　40

17. **留学第七关：**听不明白、理解不了，文化冲突该怎么
应对？　42

18. 留学之路难关重重，我们为何仍要坚持关关必过？　44

第三章

为什么留学的压力会比你想象的大很多

19. 为什么要重新认识压力？压力到底是好还是坏？　49

20. **语言压力：**语言障碍，是水平问题还是心理障碍？　52

21. **学业压力：**为什么留学生更容易焦虑、疲惫和拖延？　54

22. **社交压力**：你的社恐是因为自卑还是源于独特天分？　56

23. **情绪压力**：为什么情绪说来就来，该如何应对负面情绪？ 58

24. **健康压力**：留学生中最常见的健康问题有哪些？　60

25. **恋情压力**：相爱的前提是先爱自己还是更爱对方？　63

26. **家庭压力**：如何处理原生家庭带来的责任感与内疚感？　65

27. **求职压力**：你想要对口的专业，还是对口的人生？　68

第四章

为什么说留学避不开"花钱省钱"的算术题

28. **假如钱袋告急**：如何应对突如其来的经济危机？　74

29. **生活费的魔咒**：如何精打细算用好每一分钱？　77

30. **打工养活自己**：如何靠兼职来缓解经济压力？　79

31. **善借"外力"**：如何申请奖学金或寻求意想不到的资助？ 81

32. **留学省钱秘籍**：如何在日常生活中做到省钱有道？　84

33. **打破"穷学生"的怪圈**：为什么要学会管理消费欲望？　86

34. **换个角度看"赤字"**：如何转化经济困境给你带来的

　　焦虑？　88

35. **留学投资回报**：留学真的是越来越不划算了吗？　91

36. **财富观的重塑**：为什么留学会让我们重新思考金钱的

　　意义？　93

第五章

为什么留学会面临全新的人际关系挑战

37. **与自我的关系**：为什么说自爱与自律同等重要? 　99

38. **与朋友的关系**：怎样在留学期间找到同道知己? 　101

39. **与恋人的关系**：谁在亲密关系中最容易情绪失控? 　103

40. **与烦恼的关系**：我们所厌恶的都存在于内在的阴影
人格? 　105

41. **与老师的关系**：国外的教授与国内的有哪些不同? 　108

42. **与异国同学的关系**：怎样跨越文化和语言的界限? 　110

43. **与竞争者的关系**：怎样对待"亦敌亦友"的人际关系? 　113

44. **与队友的关系**：怎样在团体协作中避免"坏苹果效应"? 　115

45. **关于种族歧视**：如何看待和应对留学中的种族歧视
问题? 　117

第六章

留学期间如何维系家庭关系和异地恋情

46. **重新认识自我**：身为家庭的一员，你到底属于谁? 　123

47. **重新认识父母**：送你出国留学的父母究竟是怎么想的? 　125

48. **简单一招**：如何化解父母的担心和焦虑？ 127

49. **鱼与熊掌**：学业和恋爱可以兼得且平衡发展吗？ 129

50. **情在旅途**：为什么有的人走着走着就分开了呢？ 132

51. **真实案例**：赖博士是如何找到"三观"契合的灵魂伴

侣的？ 135

52. **真爱密码**：为什么说"真爱"是相互成就、携手成长？ 138

53. **亲密关系的本质**：亲密关系究竟是什么样的关系？ 141

54. **测测你的爱情观**：你的心智处于爱情观的哪个层级？ 144

第七章

留学遇到突发危机，是自救还是寻求帮助

55. **压力与精神内耗**：为什么留学必须学会抗压和抗挫？ 151

56. **情感危机事件**：如何换一个角度看待分手的情绪涌动？ 153

57. **急性健康问题**：怎样在留学期间照顾好自己疲惫的身心？ 155

58. **抑郁情绪危机**：为什么要关注自己内心真正的需求？ 158

59. **更换专业**：在梦想和面包之间如何重新选择？ 160

60. **日程冲突问题**：一位校园社交达人竟有这样的烦恼？ 162

61. **人际交往危机**：你非常在意别人对你的态度吗？ 165

62. **孤独感危机**：为什么归属感和社会支持系统非常重要？ 167

63. **自我攻击危机**：怎样回归身心，重建稳固的人生基础？ 170

第八章

心灵的导航——留学求助怎样才不迷路

64. **如果感到迷茫：** 如何判断是否需要寻求心理援助？ 175

65. **大学心理辅导：** 如何通过学校获取免费的心理辅导？ 177

66. **在线安全港：** 如何找到可靠的线上心理支持资源？ 180

67. **危机时刻指南：** 如何"借力"应对突发的心理危机？ 182

68. **亲朋好友是资源：** 如何从朋友和家人处获取情感支持？ 185

69. **心灵的"痒痒挠"：** 如何找到内心成长的自助工具？ 187

70. **心理支持方式：** 你需要心理咨询师还是心智成长教练？ 190

71. **CISC 就在身边：** 海外留学生心理支持中心怎么帮到你？ 192

72. **心灵工具箱：** 实用的心理健康应用与平台有哪些？ 195

第九章

留学归来面临的心理挑战如何应对

73. **故地重游，心生疏离：** 如何适应归国后的逆向文化冲击？ 201

74. **从留学生到"海归"：** 怎么调适心理的"水土不服"？ 203

75. **曾经的熟悉有些模糊：** 怎样应对归国后的孤独与陌

生感？ 206

76. 前路不明： 怎么应对回国后的求职挑战？　208

77. 期待如山，压力随形： 如何平衡家人和社会的期望？　210

78. 从期待幻象跌落现实： 如何将成就感与失落感化作动力？　213

79. 朋友圈的重建： 回国后如何重启和适应新的社交环境？　216

80. 心灵的智慧： 如何把留学经历转化为个人成长的资源？　219

81. 回报父母、报效祖国： 怎么迈出归国"传经送宝"的
　第一步？　221

附录：爱情观层次测评结果　225

第一章

为什么留学前要做好充分的心理建设

2019 年 10 月，在英国伦敦举行的一场探讨留学生心理状态和学业困境的小型会议上，伦敦艺术大学（UAL）心理咨询与健康建议中心主任玛瑞亚（Marie）老师说，UAL 的 6 所分院共有超过 7500 名国际学生，其中有将近 50% 是来自中国的留学生，而有些中国留学生实际上是不能顺利完成学业的。该毕业的时候拿不到毕业证书，多年的努力和投入付之东流，这不仅是学生和家长的悲哀，也是学校和老师们不愿看到的。

玛瑞亚老师分享说，有些留学生在面对学业压力和人际关系的挑战时，会陷入焦虑和抑郁的状态之中，从而引发更多的身心健康问题。而这种情况，不仅在英国的留学生当中普遍存在，在整个欧洲、美国、加拿大、澳大利亚，以及亚洲国家的留学生中，都不少见。本文作者之一李嘉杰博士回忆自己刚到英国学习的时候，也同样面临孤独无助的困境，他曾感慨地说："那真的是一段刻骨铭心的磨炼！"

因此，当听说李嘉杰博士要牵头做一个中国海外留学生心理支持中心的时候，玛瑞亚老师非常支持，并激动地说："**太好了！中国留学生终于有可以用中文沟通的心理老师了！**"同时，她也提出了一个令她不解的问题：既然不少中国留学生会在留学期间出现心理和学业问题，那**为什么不在**

出国之前就帮助他们做好心理建设和学业规划呢？

五年多过去了，CISC 也已经公益运作了五年多，深深感受到了众多海外学子独自在国外所经历的各种痛苦和煎熬，以及学业压力、情感困扰和人际关系挑战所带来的心理问题和行为不适。为此，CISC 的心理支持团队的三位专家老师一起商定要合作撰写一本给留学生的心理自助小册子，把多年来给留学生进行心理辅导和心智教练的实战经验分享给更多的人，帮助到更多有需要的海外留学生。

我们就从玛瑞亚老师提出的问题开始：为什么中国的留学生不在出国之前就做好心理建设和学业规划呢？究竟该做哪些方面的心理建设呢？

1

扬帆不易：为什么说留学最难过的是心理关？

因为绝大部分留学生在出国前根本没有做任何的心理建设，他们以为就是换了一个国家、一所学校继续学习而已，就像国内的转学或升学一样。然而，留学不是转学，也不是简单地升学，而是人生重大的变迁，是学习环境、学习方式乃至整个生活环境、生活方式的巨大变化，对于很多青年学子来说，出发的时候根本没有意识到他们的出国留学之旅会遇到许多根本想不到的挑战，特别是心理上的挑战。

在多年的青少年心理辅导过程中，我们发现即便是国内的转学都会给不少孩子带来心理的冲击，新学校、新班级、新老师、新同学，自己作为一个外来者，需要一段较长时间的适应期。出国留学，不仅要离开父母家庭，离开熟悉的环境，而且要到一个完全陌生的地方去"安营扎寨"，没有国内大学安排好的学长到车站来迎新，也没有提前安排好的学生宿舍，一切都要靠自己，一切都要从零开始，因此也更需要心理适应。

出国留学，看起来好像只是去学习，但真不仅仅是去学习，更重要的是要先"生活"，吃喝拉撒睡住行，一切生活琐事都要在绞尽脑汁考虑钱包预算的情况下去寻觅、去安排，这分明是一项安居乐业的系统工程啊！

兵法常说"不打无准备之仗"，心理学说"信念决定行为，想法决定行动"，当你心怀忐忑而又兴致勃勃地来到一个陌生的国家、陌生的城市、陌生的学校时，你很快会发现，留学生活跟你想象的完全不一样！就像是一条淡水鱼被丢进了海里，完全是两个世界的味道，如果没有提前带上氧气瓶（心理建设），结果可能遭遇致命的伤害。

在留学前做好了充分的心理建设，就好像一个人要出门远游神秘之地，不仅带上了万能的安全防护罩，做好了清晰的旅行攻略，并装备了即使遇上突发危机状况也足以对抗危险的新式武器，还有源源不断的粮食和饮用水的供应投放（心理援助），足以保证生命的安全和行动的不偏航。

用一句话来总结：

过了心理关，留学关关过。

2

了解自己：如何测评你的心理素质和心理状态？

古希腊哲学家苏格拉底说过一句名言：我唯一知道的就是我一无所知。而哲学家尼采也说过一句话：认知自我，才能成为自我。生而为人，其实我们最难的就是了解自我，因此，在留学前对自己的心理素质和心理状态有一个基础的了解，是非常重要的心理功课。

这几年很流行国际 MBTI 16 型人格测试，早先主要是应用于职业规划和专业选择，现在已经被广泛应用于不分年龄、不分国度的最常见的人格测试，每个人都可以根据自己的人格类型挖掘自己的才能和优势，毋庸置疑，这也是了解自己心理特质的一个途径。

其实，在我们中国家喻户晓的古典名著《西游记》中，早就深刻而生动地描写了四种不同的性格类型：力量型的孙悟空、活泼型的猪八戒、理智型的唐僧、平和型的沙悟净。如果你觉得 16 型的MBTI 有些复杂，不妨看看《西游记》4P 性格类型分类的解读。假如你想知道自己是孙悟空还是猪八戒，或者是唐僧、沙悟净，可以登录 CISC 的微信公众号，找到"心理测评"中的"4P 性格测试"，花几分钟做一下这个测试，很快就会知道自己是什么样的性格类型了。

当然人格类型也好，性格分类也罢，其实都是为了更清楚地了解我们自己是什么样的人，可能有什么天赋和优势，该怎样与性格各不相同的人去交流和相处。当你发现原来人跟人真的大不同的时候，你会对别人更包容，也会对自己的不足和缺点更容易接纳。毕竟在这个地球上，完美的人、事、物都是不存在的。

留学在外，会遇到各种各样的人，要想跟不同的人都和平共处，那就首先要了解自己，进而理解他人。除了上面的人格类型、性格分类之外，还有心理素质和心理状态也是非常重要的。

无论你是即将出国的小萌新，还是已经身在海外的留学生，如果你想完整地了解一下自己的心理素质和心理状态，可以放下书本，先去 CISC 微信公众号的"心理测评"栏目进行线上测试，答案会很快出来，帮助你了解自己当下的心理状况。如果需要更多帮助的话，也可以从本书的"第八章：心灵的导航——留学求助怎样才不迷路"中了解更多获得帮助的资源和方式。

简单地说，心理素质是人的整体素质的组成部分，是以自然素质为基础，在后天环境、教育、实践活动等因素的影响下逐步发生、发展起来的内在品质。它包括认知能力、心理适应能力、情绪和情感品质、意志品质、气质和性格等方面。

通俗地说，心理状态是一个人在特定时刻（比如当下）或一段时间内的心理感受和心理过程，比如你是高兴、喜悦、轻松、专注，还是紧张、焦虑、疲惫、忧伤？这些都属于心理状态。

需要特别注意的是：心理状态涵盖了一个人的感受、情绪、思维、认知以及行为等多方面，也就是说，心理状态不仅指情绪的感知和感受，也包括了人的感知和认知状态，比如你对信息的理解和处理，对事物的判断与观察，对自我的觉知和感应，对过去和未来的看法和思考，不同的心理状态会导致对同样的一件事完全不同的身心感受。也因此，了解自己的心理状态可以帮助我们更好地管理情绪、应对压力和面对学业挑战，当然也会有助于我们日常的身心健康和幸福感受。

总结一下：

心态决定一切，留学从心开始！

3

这很重要：你是怎么看待留学这件事情的？

如果把这个问题换一个问法，就是：你为什么要去留学呢？

大概率你会说：当然是为了拿到一个学位啊，不然呢？

也有可能你会说：当然是为了去学习深造，在专业上有所建树啊——毕竟留学可以开拓视野，接受更先进的教学理念、更丰富的学术资源和更优秀的师资。同时，这种跨文化的学术氛围不仅能激发一个人的学习潜能，还能培养批判性思维和创新能力，为未来的专业发展和职业生涯奠定更好的基础。

这些说法肯定都是没错的，也是留学的核心目的。不过，还有一个更加值得思考的方面，那就是，也许留学不仅是为了知识的学习和专业造诣的提升，也是为了心智的成熟和生命的成长。

因为人生有几次特别关键的树立"三观"或重塑"三观"的时段，比如中学时代的青春期、轰轰烈烈的热恋期、遭遇重大挫折的创伤期，你可能会被熟悉的人说"感觉都变得不像原来的你了"。

如果说在国内上大学是重塑一个人"三观"的关键机会，那么，去国外留学，很可能会被击碎"三观"，重建"三观"，经历所谓从"看山不是山"到"看山又是山"的重大心智转变。

想一想，为什么我们要在18岁时开始背井离乡去上大学，开启独立的学习生活？这个看似有点哲学意味的问题可以用一句话来回答：因为我们是"成人"了，要开始为自己的生存和发展承担责任了。

因此，上大学就是你正式踏进社会的第一步，而留学，就是你更加彻底地离开熟悉的环境和亲朋好友，漂洋过海，开启一段完全未知的学习和探索之旅。

那为什么非要这么做呢？为什么要去留学呢？在国内随便上个大学不行吗？

在这里跟大家分享一本心理学大咖阿德勒的书《生命究竟对你意味着什么》，换句话理解，也就是"你为什么要活着"。

你看，我们为什么要活着？这似乎是一个哲学的命题，是的，凡是跟人生意义相关的"为什么",背后都有哲学的味道。留学必然是一个人非常重要的一段人生经历,"你为什么要去留学?"多少都会触动你内在的人生开关,引发你对于人生的思索,不管你有没有意识到。

阿德勒在 90 多年前,就通过《生命究竟对你意味着什么》这本书告诉我们,每个人在出生时就面临的两个事实:

1．我们都出生并生活在这个地球上,所以我们必须保护地球的资源,并且延续自己的生命,确保人类的繁衍。为此,我们必须发展自己的肉体和心灵。

2．你是父母生的,你天生就与其他的人类息息相关,没有谁是脱离人类的成员。个体是脆弱、不完美和有限制的,一个人既不能延续自己的生命,也无法延续人类的生命。

总结一下这两个事实的核心含义,那就是:**我们都出生在地球上,并一起生活在这个星球上,我们生来就属于社会,属于人类这个大团队的一员,因此,为人类大团队做出自己的一份贡献才是我们生命的价值和人生的意义。**

也许正是因为如此,我们才那么在意别人对自己的看法和评判,我们才会去追求所谓的名利来证明自己,才拼尽全力也要活出个人样,渴望名垂青史、流芳后世,因为这就是我们**人类的集体潜意识啊!**

用一句诗来寓意本节的问答,大家各自体会吧:

鲜衣怒马少年时,不负韶华行且知。

4

有点焦虑：如何处理当下的分离和未来的不确定？

出国留学，既是一个充满期待的机遇，也是一个伴随着诸多挑战和不确定性的过程。首先我们要面对的，就是与家人、朋友，甚至恋人的长久分离，自然会在心里滋生对于亲密关系如何维系和怎么发展的担忧和焦虑。

那我们在临出国前的这段时间，该怎么调整这种忐忑不安的心情呢？

首先，请逐步地**接受自己内心对于分离和不确定所产生的焦虑情绪**，告诉自己，分离和不确定性是出国留学过程中不可避免的一部分，我接受，并且愿意尝试与这些焦虑和不确定性"和平共处"，因为我知道，焦虑本身就是人类面对未知时的自然反应，没必要逃避或压抑这些情绪，何况"情不自禁"——情绪都属于潜意识的涌动，情绪来了，既逃避不了，也压抑不住，不如承认它们存在的合理性。

当你接受自己确实有那么点**分离焦虑**的时候，你反而会发现，这些焦虑和不确定性就划归到你可以尝试去掌控的情绪范畴中了。当你承认自己有些分离焦虑的时候，反而内心会不那么焦虑了，因为"表达即治疗，接纳心自宽"。

同时，我们也要积极采取可能的预案，在出国之后主动跟家人、朋友和恋人商量好保持良好互动和沟通的方式。毕竟现在已经是高科技时代，即便亲友之间远隔千山万水，但各种"近在咫尺"的沟通手段特别多，视频通话、语音连线、微信交流分分钟"天堑变通途"，可以让我们随时随地保持正常的联系。

还有，制定明确的计划和目标也是缓解焦虑的有效方法。在出国前，可以尽量详细地规划一下自己的留学生活，比如学习目标、生活安排、社交活动等。明确的目标和计划不仅有助于我们更好地适应新环境，还能让我们在面对不确定性时更有方向感。

如果上面这些还不够让你放松心情，坦然迎接不确定的未来，那就来点幽默的调味品吧，你只要"脑风"一转，想想你将踏上一片从没有去过的土地，见识更大的世界，体验不同的风土人情，吃上各种不同的"异域美食"，说不定还能结交新朋友，甚至开启一段"异国恋情"，呵呵，那可不是一般的人生财富啊！

莫愁千里路，自有到来风；
我与清风共明月，万水千山一笑收。

5

充满期待：留学将是怎样的一段心路历程？

毋庸置疑，当我们兴致勃勃地踏上留学的旅程时，心中必然是充满期待，仿佛要去遥远的地方打开一扇通往梦想的大门。

然而，当你进入这扇通往梦想的大门之后，却会惊愕地发现，里面并没有一段现成的"金光大道"，而等着你的是脚下的一片荆棘和满目的崇山峻岭。

是的，**留学之旅绝不会是一段观光旅游的经历，而是一场披荆斩棘，历经九九八十一难的降妖伏魔之旅**——这就是为什么我们这本小册子有 81 个心理问答的原因。我们相信，每一个勇敢踏上留学之旅的"留子"，都是《西游记》里去西天取经的唐僧师徒的"同行人"；每一位坚定地前行在取经之路上的勇士，都必然会经历黑暗和挑战，但是，这段独特而又刻骨铭心的旅程，必将成为你人生最绚烂的一段风景。

留学的日子总是步履匆匆的，时间不等人，你根本来不及思考，就必须马上投入披荆斩棘的开路工程中——你必须尽快到达第一座山峰，不管是双叉岭，还是黑风山，你只能迎难而上，想办法翻越过去。

想想这一座又一座高耸入云的山峰吧，形成了一条堪比《西游记》取经线路的道路，我们可以带点幽默地给这些山峰命名为：语言峰、专业峰、考试峰、论文峰、黑料峰、孤独峰……不胜枚举，也许有些山峰对你来说已经可以"弹指间灰飞烟灭"，比如你的雅思9分，或托福120分，语言峰对你来说就仿佛有个隧道通行证，你轻轻松松就可以过关。但是，总有几个峰会让你脱一层皮，也总有几个峰会"雁过拔毛"，让你留下一段尴尬的回忆。

说这些崎岖坎坷的山峰不是为了吓唬你，而是为了让你做好充分的心理准备，留学遇到的困难和挑战会远比你想象的要多，大到学科专业，小到吃吃喝喝，全是需要你自己去解决或者转化的问题。

现在再回答本节问题就不会令人费解了：你可以充满期待，但务必做好充分的心理准备——**留学必将是一段短暂又漫长的披荆斩棘、降妖伏魔的刻骨铭心之旅。**

这样的心路历程，用屈原《离骚》中的一句话来共勉再合适不过了：

路漫漫其修远兮，吾将上下而求索。

6

有些迷茫：如何找到内心的导航系统？

这个问题的核心是：一定要在留学之前搞清楚自己出国留学的真正动机，要静下心来做一些深度的自我探索，发现自己，认知自己，才能成为自己。

苏格拉底临死前曾经跟学生说过：我唯一知道的，就是我一无所知；尼采也说过：了解你自己，才能成为你自己。因此，无论留学还是不留学，都要深入地探索自己，认知自己，早一点发现自己究竟想要成为什么样的人，或者说，早一点找到自己的人生剧本。唯有如此，才能真正定位自己内心的导航系统。

这说起来很难，做起来更难，因为这本来就是我们每个人最大的人生功课：达成自我实现，成为更好版本的自己。就像《西游记》中的唐僧师徒四人，必须得有一种坚定的使命感，才能披荆斩棘、勇往直前，否则很容易被"妖魔鬼怪"缠身，被现实困难打败。

即便只是为了拿一个文凭，你也要多问自己几个为什么：为什么我非得要去留学？假如留学拿到了文凭，对我意味着什么？留学的经历会给我的人生带来什么样的改变？这些改变对我来说又意味着什么？假如我因为留学改变了人生，为家庭或者社会做出了一些贡献，这对于我自己来说，又有什么更大的意义呢？

你可以在一个安静的时刻，闭上眼睛，想象一下：自己五年后、十年后想要成为一个什么样的人呢？想象得越清晰越逼真越好，就像已经真的发生过一样，或许，你真的会"心想事成"呢！而且，这样的想象也非常有助于你定位内心的人生方向。

不得不说，定位内心的导航系统，是一个直面灵魂终极拷问的操作，难度之大可想而知。假如你现在还做不到，不用着急，人生就是一场体验，慢慢学习和领会就好，一个人的成长也是一步一个脚印走出来的。现在，至少你知道了，留学之旅是跟你的人生剧本和自我实现息息相关的，你会跟随自己的成长脚步，逐步校正你内心的导航系统，直至朝向你的天赋潜能和人生使命的方向。

因此，保持一个开放的心态，定好阶段性目标，做好明确的留学计划，都会帮助你清晰内心导航系统的方向，逐步走向人生的正轨。正所谓：

只管耕耘不问前程，前行自有道路分明。

7

很是困扰：如果你是被迫留学该如何调整心态？

被迫留学，大概率就是在你自己并不愿意出国留学的情况下，被家长"强行安排"出国留学，而且，还很可能被"强行安排"了并不愿意学习的专业和学校。

其实这种情况并不少见，即便是在国内上大学，在选择专业和学校的时候，家长和学生都常常会有矛盾和冲突，何况是花费巨资赴海外留学呢？关键是，为什么在升学这件事情上，中国家长格外在意并执着呢？在这些矛盾和冲突的背后，到底有着怎样的考量呢？

有一句话说得好：人生就是选择出来的——人生就像一场连绵不断的考试选择题，没有标准答案，只有最适合自己的选项。心理学理论认为，一个人当下的选择，一定是对自己最有利的选择。从这个意义上来说，为什么你不愿意留学，而家长非要"强行安排"你出国留学，不过是站在各自的立场上做出的不同（利益）选择罢了。

因此，作为一名"不得不"出国留学的学生，也请你好好想一想问题背后隐藏的问题：为什么我就是不想留学，而我父母非要我留学呢？

如果实在想不通，建议找个机会，跟你父母促膝长谈一次——这种**深层交流**是非常有必要且十分重要的。你会发现，父母对于升学这件事情异常执着的背后，也许是他们的价值观、人生观、世界观以及过往人生的经验和教训在支撑着他们坚定的信念，那就是：竭尽一切资源，让自己的孩子将来可以凭自己的本事在社会上立足，如果可能的话，顺便光耀门楣。

你看，父母的眼光重在长远，希望为你的未来奠定一些基础；而我们自己，多半是拘泥于当下的困境，或是曾经受过不少学习的苦，想选择一条"更容易"走的路。可见，这两者之间是有一些"当下"与"未来"的博弈的，想明白这个，也许你就会在留学这件事情上，产生不同的理解。

究竟要不要听从父母的安排，在这里分享一段在网上获得高赞的话，也许能给你一些启发：**如果父母的认知水平很高，自己取得过一些成就，有一定的社会地位和影响力，你最好参考他们的意见，这种父母通常也能讲明白事情的本质。**反之，如果父母认知水平不高且强势霸道，他们想用过去几十年积累的一些经验告诫你未来几十年的路怎么走，那听听就罢了，自己的路还得自己走。

选择大于努力，这话应该算得上是一句真理。想一想《西游记》里的唐僧师徒要去西天取经，假如他们一直在错误的路上前行，那就会南辕北辙，永远到不了目的地。

所以，面临是否出国留学这个人生选择时，也许我们需要做的是静下心来，多追问自己：我为什么这么抗拒留学呢？而父母又为

什么非要送我出国留学呢？在一张白纸上分别写下**不同选择带来的**
"现在"和"未来"的好处和坏处，也许，你就会越来越清晰自己究
竟想要什么，心态也会随之平稳下来。

当然，借助合适的外力永远是可以有的选择，问一下有留学经
验的学长和老师，比如 CISC 的心智教练和学业规划老师，也是不错
的一个选择噢。

总结一下：

人生选择定乾坤，努力还须方向明。

8

五种力量：如何应对各种意外和挑战并快速成长？

留学是一场充满未知的旅程，你就像《西游记》中要去西天取
经的唐僧师徒，必将迎接种种困难和挑战。所以，你也需要具备像
孙悟空的金箍棒、猪八戒的九齿钉耙、沙僧的降妖宝杖这样的傍身
武器。当然，我们在这里说的是"心灵的武器"，关键时刻可以拿出
来迎战妖魔。

面对困难和挑战，有的人会选择逃避，有的人会奋起抗争。如
果是可以逃避的困难和挑战，那就不是真正的困难和挑战。**真正的**

困难和挑战，都是你逃不掉的人生功课，都是帮助你快速成长的催化剂。

心理学研究发现，凡是逃避困难和挑战的人，都会陷入更大的困境和沼泽中，看看那些战场上的逃兵，虽然保住了性命，但哪一个不是苟活于人间，遭人唾弃，生不如死呢？

因此，当困难和挑战来临时，只有一个正解，那就是正面应对。问题从来不是问题，你怎么看问题才是问题；困难从来都不难，找到解决方案就能轻松应对。现在，为了能够坦然应对留学路上的困难和挑战，咱们先要激活自己内在的五种原始中心力量：思想、使命、感受、说话、行动的力量！

1. **思想**的力量：我们拥有自己的信念价值观，我们有自己的精神意志，有自己对事物的理解和推论，有独立思考和判断是非的能力。

2. **使命**的力量：我们每个人都是人类大团队中的一员，都有与生俱来的天赋和使命，如同世界上没有同样的两片树叶一样，我们每个人都是独一无二的生命存在，活出更好的自我版本，是我们的使命，也是人类进步的需要。

3. **感受**的力量：我们都有自己的情绪情感体验，都有品味酸甜苦辣咸的感官，都能感受温暖和寒冷、热情与冷漠……

4. **说话**的力量：我们都能用语言发声，运用语言、手势、语调表达内心的所思所想，都能造句、写字、朗读、交流……

5. **行动**的力量：我们都有"去做"的力量，也就是行动的力量，我们可以自己吃饭、穿衣、走路、做作业，也可以去旅游、攀岩、滑翔、冲浪……我们的行动力远远超出我们的想象。

是的，我们每个人都与生俱来拥有这五种原始的中心力量，这是我们至高无上的权利，也是我们可以突破自我设限的巨大潜能资源；同时也意味着我们有能力迎接人生道路上的困难和挑战，包括留学道路上的挫折和坎坷，为自己的成长负起百分之百的责任。

由于篇幅所限，我们无法在此展开五种原始中心力量的光谱图和实战方法，感兴趣的同学可以查找 CISC 微信公众号的菜单，找到相关视频讲解进行学习和练习。仅仅是你了解并认同了原来自己是一个拥有那么多原始中心力量的人，你的生命力就已经开始被激活，你的心灵成长之旅就正式开启了；而当你开启了内在成长，也就更有勇气去面对困难和挑战，更无惧妖魔鬼怪的张狂叫嚣了。请记住：

激活五种原始中心力量，你也能直面挑战快速成长！

9

留学"心攻略"： 如何充分地做好留学前的心理建设？

首先，认真地看完这本《当代留学心理 81 问》，恭喜你！你就已经为留学前的心理建设工程打下了一个坚实的地基；其次，在你的行囊中带上这本小册子，你就拥有了一座傍身的"心理加油站"，随时为你补充"心理能量"，为你指引心的方向；然后，当你正式开启留学生活时，把这本小册子放在你触手可及的书桌或枕边，你就拥有了一个伴随你度过整个留学生涯的亲密小伙伴，有什么心事和烦恼，都可以通过它找到外界的援助和支持的资源。

这不是一段广告，而是一个实用的留学生心理建设攻略的序曲。看完文字只是第一步，里面有很多关于语言的寓意和方法的应用，都等待你一步一步去实践、体验、练习和掌握，成为你出门在外规避风雨的"保护伞"，以及自助助人、助人自助的"路由器"（以此连接更多有需要的人）。

如果非要归纳一下本书的核心要素，简明扼要地说明"充分地做好留学前的心理建设"的重点，那就请你记住以下三点：

1．留学期间会遇到远超你想象的困难和挑战，而且每个人遇到的困境和挫折也会不一样，没有谁可以提前告诉你究竟会遇到怎样的高难挑战。但是请你相信，你同时也拥有足够多的可以克服这些困难和迎接这些挑战的资源。

2．找专业的人做专业的事，上天既然安排你遭遇这些艰难和坎坷，也一定会安排"千手观音"来帮你化险为夷，这是事物发展的规律，也是前人践行出来的经验，所以学会求助专业人士并不丢人，恰恰是你快速成长的契机。

3．探索内心所向，尽快找到破解人生迷局的金钥匙，你就会

"开挂"似的拥有无畏的勇气和满满的激情，把所有的困难和挑战都踩在脚下，让它们成为你通往自我实现的阶梯。因为心之所向，无坚不摧；心中有光，世界就会被点亮。

所以，说到底，做好充分的心理建设，并不是说要把所有的困难和挑战都列举出来，帮你一一破解，而是说你已经能有意识地准备好"心武器"去降妖伏魔，遇到困难和挫折不轻言放弃，逢山开路，遇水搭桥，勇敢地做出自己的选择和努力。也许最后，你留学一场，最终并没有光宗耀祖，也未必能够给未来铺路，但是，**你的内心一定会变得越来越强大，越来越丰盈。**那时的你就像一道光，照亮自己的路，也会让别人看见希望的光芒。

困境是冶炼智慧的熔炉，挑战是成长赐予的礼物。

第二章

为什么留学要经历心灵的九九八十一关

留学之路无疑是一段充满挑战与机遇的独特旅程，如同《西游记》中唐僧师徒四人西天取经的传奇，不仅是对"专业知识"的渴求，更是对自我意志、能力和视野的极限挑战。

因此，**用唐僧师徒历经九九八十一难来比喻留学需要闯过心灵的"九九八十一关"再合适不过了**，每一难都蕴含着人生的考验与历练，每一关都充满了成长的未知与艰辛，而正是这些最终使我们更加坚韧、成熟和智慧。

留学之初，我们如同唐僧，怀揣着对未知世界的无限憧憬和不安踏上征途。面对陌生的环境、语言和文化，我们仿佛置身于一个全新的世界，一切都需要从头开始。这种孤独与无助，正如唐僧在取经路上初遇妖魔鬼怪时的彷徨与恐惧。

在留学的过程中，我们会遇到各种各样的"妖魔鬼怪"——学术上的难题、生活中的烦恼、文化上的冲突……这些困难考验着我们的智慧、勇气和毅力。每一次克服困难，都是一次自我超越的过程。我们学会了如何高效学习，如何与不同文化背景的人沟通交流，如何在逆境中寻找希望。这些"闯关打怪"的经历，不仅增强了我们的实力，更让我们的心灵得到了成长。

　　留学也是一场心灵的修行。在远离家乡和亲人的异国他乡，我们学会了独立思考，学会了自我反思。我们开始更加珍惜与家人朋友的联系，更加理解不同文化的差异与包容。这种内心的成熟与蜕变，如同唐僧师徒在取经路上一步步走近灵山，让我们的心灵变得更加宽广和深邃。

　　当留学之旅接近尾声时，我们会发现自己已经不再是那个初出茅庐、懵懂无知的少年。我们收获了知识，更收获了成长。我们变得更加自信、坚韧和开阔。就像唐僧师徒四人历经千辛万苦终于取得真经一样。

　　留学就是一场心灵的"西天取经"，它最终将让我们成为更好的自己。

10

浏览一下：留学之途最可能遇到哪些崇山峻岭和关卡？

《西游记》描绘了充满挑战与奇遇的唐僧师徒四人西行取经的画卷，若将海外留学比作现代版的"西天取经"，那么这一路上，学子们同样需要跨越九九八十一难的崇山峻岭，一路闯关，方能抵达愿景的彼岸，同时实现自我成长的华丽蜕变。

我们一起来浏览那些躲不过去的崇山峻岭和超难关卡吧。

📋 第一难：刷新语言的"火焰山"

不管你雅思、托福考了多少分，只要你未曾在英语国家的中小学长期学习过，你都要做好在课堂上"听不懂"的心理准备，这是学长学姐们惨痛的经验告白，更不用说其他语种的"留子"们，"语言关"更是超级难！

是的，留学之初，语言关会像一座连绵不绝的"火焰山"横亘在眼前，烤得你目瞪口呆，心火乱窜。你不得不变身孙悟空，赶紧去借一把真正的"芭蕉扇"，来紧急扇风灭火。至于怎么借，那就是八仙过海，各显神通了。

第二难：文化差异的"流沙河"

把国家之间的文化差异比拟成一条河是远远不够的，因为每个国家的历史背景、风土人情、世界观、价值观都堪比更加广袤和深邃的大海，就像唐僧师徒进入一个个奇异的国度，必然会水土不服，迷茫无措。那该怎么办呢？说起来简单做起来很难，就是八个字：开放、接纳、包容、顺应。

第三难：学术挑战的"狮驼岭"

出国留学的核心当然是求学深造，可扑面而来的学习压力和学术挑战如同狮驼岭上的妖魔鬼怪，会让你应接不暇。走出国门的"留子"们突然"移居"到书本摞成峰的"狮驼岭"，在繁重学习的同时还必须快速养成独立思考、创新能力和批判性思维的能力，就像孙悟空在狮驼岭上大战青狮、白象、金翅大鹏……"留子"们也必须勇敢地面对学术挑战的妖魔鬼怪们——这个，真的只能是磨炼意志，全情投入，"卧薪尝胆天不负，三千越甲可吞吴"。

第四难：生活不适的"盘丝洞"

留学在外，独自生活，从洗衣做饭到租房交通，从打扫卫生到早起晚睡，每一项都是对独立生活能力的挑战。这就像唐僧师徒误入盘丝洞，面对蜘蛛精的诱惑和陷阱，需要保持清醒的头脑和坚定的意志。生活本就像一张网，到处是诱惑和岔路，留学生不仅要快速安排好"吃喝拉撒睡住行"这些基本生活，还要尽快做好时间管理和自我管理，保持良好的生活方式，自强、自律、自尊、自爱。

第五难：心理考验的"凌云渡"

问一下自己：你敢走绝壁间的独木桥吗？你敢乘无底的渡船吗？这就是《西游记》唐僧师徒面临的最后一关：凌云渡。

话说唐僧师徒终于来到了灵山脚下，距离取得真经只有一步之遥，然而，在通往灵山的最后一条大河——凌云渡前，他们遇到了前所未有的挑战。波涛汹涌的河上只有一座细滑难行的独木桥，后面又驶来一座无底船，此刻，假如你是唐僧，不能腾云驾雾，你会怎么选？

《西游记》里的这一情节寓意深远，象征着唐僧在取经路上不仅经历了外在的各种磨难，更是在内心深处完成了自我超越和升华，用现在的话来说就是**心理素质大幅提升**，由内而外已然脱胎换骨，只待成佛了。

千锤百炼始成器，破茧成蝶舞翩跹。

11

留学第一关：为什么在国内学的语言课好像都白学了？

许多留学生刚开始进入课堂学习时，都会深感困惑：为何自己在国内苦学多年的外语，到了国外却仿佛一切都要从头开始？这种**"语言白学"**的感慨，即便是攻读博士的学霸也不例外。

有一位 30 岁去美国留学攻读博士的"诺哥"在自媒体视频中感慨道：他在国内上学的时候，英语一直是最让他骄傲的学科，即使是考托福，听力、阅读、写作也基本上都是满分，但当他真的来到美国，却赫然发现：原来他的英语从来都没有出过"新手村"！

更让他绝望的是，他在美国接触过更多不同阶段来留学的人之后，就绝望而又清醒地意识到，但凡一个人是在青春期之后才进入纯英文环境的，他的口语就注定会带着明显的口音，而且基本上不可能达到母语的流利和毫不费力。所以，几乎所有的留学生都会经历"听说读写"都要从头学起的过程，尤其是在听说方面，每天都会被英语暴击 100 遍，听不懂说不出，感觉自己随时都在坠毁。

首先说听力，在国内学英语的时候大家听到的都是标准的美音或者英音，但是，到了美国的课堂上就会发现，**英语是世界的英语，**

这个世界不只有英、美、澳、加这些本土英语的口音差别，还有印度、中东和拉美等地区的英语发音差别，这些差别甚至超过了普通话和粤语。当然你也不要以为美国人的口语就好懂，因为他们特别爱用那些你从来都没有见过的俚语，会让你觉得**"这也是英语"**？而美国人说的英语也总是让你觉得**"我学过英语吗"**——真的很崩溃！

那后面诺哥同学是怎么克服留学之初的"语言障碍"的呢？说起来也很简单，就是两点：

首先，"坚持去做"。 每周 600 页的英文学术文献，即使读不完也要拼命地读；每门课的大论文、小论文，明知道自己无论怎么改都只是一堆垃圾，但还是非常认真地改了又改；课堂讨论其实没有完全打好腹稿，也敢举手发言，大不了就卡壳，那又怎么样呢？

其次，不怕丢脸。 当诺哥豁出脸面，只管去做的时候，就发现我们害怕犯错误是因为害怕丢脸，但事实上并没有任何人真的会嘲笑你。老师会在给他批改论文的时候把里面非常多的小小的拼写和标点错误都改过来，但还是会因为他的观点和论证的好而给他高分；课堂发言卡壳了，大家也不会催，而是会鼓励他："没关系，慢慢来，你想说的是这个词儿吗？"

诺哥发现，语言只是一个工具，不需要完美也能表达你的意思。他遇到一些教授，他们在美国已经工作二三十年了，依然带着非常浓重的口音，但是他们做的研究好有趣，他们说的话好深刻，所以每个人都会聚精会神地听他们讲课，因为不听课是学生自己的损失。

令诺哥感到意外的是，当他放下了对完美的执念，放下了自己做不到完美的自怨自艾，反而会在不经意的时候收获成长和改变。半年之后，他突然发现自己在说英语的时候，似乎可以一个从句套着一个从句，不停地说下去，也不怎么卡壳儿了。以前对他来说难如登天的时态、人称单复数保持一致，现在似乎自然而然就做到了。在一场考试中，他一个人面对四个教授，谈笑风生一个小时。从具体问题聊到理论前沿，从论文选题聊到学术理想，甚至可以时不时地开个小玩笑，结果拿到了"唯二"的优异成绩——他和一位印度同学。

之所以在这里把这个有点长的真实案例讲完，是想要跟大家"合理化"（心理学的名词，表明这种情况是普遍现象）地说一声：大家都一样，留学刚开始都会有"语言白学"了的崩溃感，你需要去做的，就是适应和实践，去说去发言，去做去看文献，不要怕丢脸，不要怕写不好，没有人嘲笑你，大家都差不多，都会经历这个适应的过程。而且，好消息是，只要你坚持下去，一般会在一个学期或者半年有明显改观，请你相信：

留学语涩勿灰心，勤习渐通一季顺。

12

留学第二关: 身处一个新的环境你为啥不会学习了?

我们每个人都有自己的学习方式,有的人善于模仿和抄写学习笔记,有的人更愿意尝试创新和逻辑推理,其实学习的方式并没有好坏对错,只有适合不适合。各个国家的教育模式和教育体系也是如此,都有数千年的传承,必然有其鲜明的特色。

出国留学后会发现,在国外自主式的教育模式下,更多的时候是一个人的孤军奋战,你会感觉自己仿佛进入了一片知识的汪洋大海,一时间找不到要去的方向,有些迷茫,但更多的是着急。你不仅要快速开拓学习思路和创新思维,而且急需练就辩证性思维和批判性思维。所以,当你独自面对一摞摞小山似的书本、资料,一篇篇英文的文章和文献,苦思冥想也写不出一段论文的核心主旨时,内心会既孤独又无助,甚至会反复怀疑自己是否真的适合这条路。

那么该怎么在痛苦中快速转变,开启新的学习模式呢?

其实也很简单,首先一定要建立信念,也就是你要尽快想明白,你曾经走过一段有人引领的"康庄大道",但是,现在你面临的是自己要在一片荆棘中砍出一条属于自己的路来——去做就行了！

简单地说，就是快速激活你内心五种原始力量的两种力量（详见本书第一章第8问）：思想和行动的力量，先想清楚，然后去做就行了。

书本、资料、文献读起来，能看多少看多少；作业、论文写起来，能写成啥样就啥样。谁还没个赶鸭子上架，从0到1的过程呢？日积月累、熟能生巧，这不仅是生活的箴言，也是我们人生闯关的法宝，正所谓：

初时笨拙莫熬煎，日积跬步终至远。

13

留学第三关： 吃不惯喝不惯，"胃动力"没有了怎么办？

这个问题其实在国内上大学也会遇到，比如你从广州到哈尔滨去上大学，也会遇到饮食不习惯的问题，只不过没有从中餐到西餐，甚至从热菜为主到凉菜为主的差距这么大。先安慰大家一下，中餐、西餐或者热菜、凉菜都是饭菜，都无外乎是碳水化合物（糖类）、蛋白质、脂肪、维生素和微量元素而已，本质上都是满足我们身体需要的营养物质。

虽然中餐、西餐的营养素都差不多，但吃起来完全不是一个味道，这是因为咱们的味蕾从小就被家乡的美食不断刺激、强化了，在我们的脑细胞中已经形成了"好吃"的回路，因此，刚上大学或者出国留学的年轻人难免会觉得"家乡菜才是最爱"。当你还没有走南闯北经历时，一下子到了国外，经济条件又受限，你的味蕾和你的"胃动力"必然会面临"适应"的挑战，而这种挑战本身就是人生挑战的一部分。

是的，当你留学归来仍少年，回到家乡饱口福时，你还是会觉得家乡菜最好吃，妈妈的味道是最爱。但是，你也已经"适应"了各种味道的餐食，除了家乡菜，也会有不少你觉得好吃到爆的其他美食，比如英式肉酱意粉、咖喱饭、比萨和沙拉……说得稍微哲学点，这也是一个"喝水是水，喝水不是水，喝水又是水"的体验过程。而留学，就是不断拓展我们的人生体验，拓宽我们的人生视野，同时也丰富我们的味蕾和嗅觉的过程——人生，本就是突破自我，不断与更大的世界融为一体的过程。

到这里，就可以用一句话回答本小节的问题了，**吃不惯喝不惯，多吃多喝就习惯，实在不行就自己做饭**。想当年可口可乐和咖啡刚开始进入国内时，好多人都会觉得"味道怪怪的""好苦""不好喝""喝不惯"，而现在，这些舶来品早已成为拥有"国民待遇"的普及性饮料了。

只要大脑想得通，吃啥都有好胃口。

14

留学第四关：没同学没朋友，孤独寂寞怎么办？

没同学没朋友的孤独寂寞，实际上在哪儿都差不多。说到底，**交朋友这种事，应该跟一个人的性格特质关系更大**。比如说孙悟空、猪八戒是不会交不到朋友的，而想让唐僧、沙悟净主动去跟谁交个朋友，恐怕比要他们做一万个俯卧撑还难吧？所以，想要在国外留学期间跟其他同学保持通畅的联系，顺便交一两个好朋友，首先就**得突破自己个性格特质的局限**（详见本书第一章第 2 小节），让自己的性格特质先丰富起来。

有的同学会说，我们出国留学是去学习的，不是去交朋友的，好吧，那你就全身心投入在学习上吧——这种人大概率也是不会孤独寂寞的，他们目的明确，心思专注，更大的乐趣都在知识的吸收和技能的提高上，只会感觉学习的时间都不够，哪还有时间"浪费"在交朋友上呢？

因此，如果你感到孤独寂寞，就别怪环境不好，交朋友这种事情，在哪儿都一样，没有对错，只管去做。怕就怕又想交朋友，又没那个胆量，**想又不敢做，自己内耗自己**——这才是孤独寂寞难受的根源。

其实现在即时通信这么发达，无论你身处哪个国家，哪所大学，都会有咱们中国学生的微信群、QQ 群，以及各种"功能群"，比如同校学生的旧物置换、交易群，同城交友、旅游群，当然必须还有各种跟专业学习、论文写作相关的交流群，只要你愿意打开心扉，主动一点去找同学、朋友，就不会交不到朋友。当然，异国的朋友也是朋友，生活搭子也可以视为一种朋友，只要你愿意，哪儿都可以找到各取所需的朋友。

还记得那首耳熟能详的儿歌吗？"找啊找啊找朋友，找到一个好朋友，敬个礼呀握握手，你是我的好朋友"——小孩子都会找朋友，相信你也能做到。

朋友是找出来的，友谊是处出来的。

15

留学第五关： 自己管不住自己，又没人管怎么办？

对于孤身在外求学的留学生来说，自我管理，或者说自律确实是一件挑战极大的关卡，远离了熟悉的环境，没有了老师和家长的管制监督，你会发现自己仿佛置身于一片茫茫大海，既自由，又迷茫，很容易把日子过成一团糨糊状。

先说最难的一点，作息会慢慢变得不规律，晚上刷手机根本停不下来。没有了日常的约束和提醒，早上起不来，上课晕乎乎，晚上睡觉没个点，吃饭随便对付一口，生活和学习很快就会变得杂乱无章。

你深知这种情况不能继续，所以**制订了详细的计划和时间表**——这确实是应对管不住自己的好方法，问题是，你发现计划好的学习、阅读、健身时间，总是因自己的各种借口（懒惰）而偏离和改变，根本没办法坚持下去。

你因此陷入了一个自我管理的怪圈，你发现要想做到"自律"，真的要比做到"自尊""自强"难太多了。如果你这样想，说明你也发现了一个很有趣的问题，为什么中国的传统文化都要把"自尊、自强、自律、自爱"这些字眼组合在一起来传承呢？

因为"自尊、自强、自律、自爱"本身就是一回事，都是强调自我的认知和自我的管理，以及"做更好版本的自己"的必要条件。说得深一点，就是你内心深处有没有足够的内驱力，推动你克服困难和挑战，逐步完成留学的目标。这就需要你回到本书第一章的内容，好好反思一下自己到底为什么要留学。

只有找到了**发自内心深层的动力和自我实现的动机**，才能咬牙坚持"自律"的生活，逐步养成留学生活和学习的好习惯，该起床的时候起床，该学习的时候学习，该吃饭的时候吃饭，该睡觉的时候睡觉，该娱乐的时候就好好娱乐。

当然，这样的自律要求确实有点高，倘若你真的无法自己管理好自己的生活和学习，也可以尝试**借助外部的助力，督促自己按照计划去执行。**比如加入学校的自律社群，每天打卡，和大家一起相互监督和鼓励，完成任务就奖励自己，没有完成就接受惩罚，比如说在群里发红包，相信你一定会因为心疼你的票子，而更加努力地完成所定目标的。

关键是，你会发现达成目标比生活一团乱糟会让你更加开心快乐，而且不会精神内耗，这才是留学生活应有的节奏和状态。

总结一下，当你自己管不住自己时，可以从内心深处找"自尊、自强"的自驱力，也可以借助外力来监督自己，正可谓：

他山之石可攻玉，自强不息靠自己。

16

留学第六关： 学不懂学不会，焦虑紧张成绩差怎么办？

学不懂学不会不可怕，谁刚上初中就会几何证明和二次函数啊？都是一步一步慢慢学过来的。不懂就慢慢学，还可以请教老师和同学。要相信，既然大学录取了你，你就有学习这个专业的能力；同时，既然你接受了这个录取通知，并且跨越千山万水来就读这个专业，那么，你也认为自己是可以通关成功的吧。

或许你压根就没想到会遇到那么多的问题，包括但不限于我们这本小册子所涉及的所有话题。想要好的学习成绩离不开以下三点：**专心、重复、一点一点啃硬骨头。**而你的问题是：想走捷径——这是不可能的！

中国有句古话：书山有路勤为径，学海无涯苦作舟。说实话，想要获得一点学业上的成就，拿个学位，不管是中学还是大学，无论是在国内还是国外，自古以来都不是一件轻松的事。

当然，也许你焦虑的是成绩太差，紧张的是拿不到文凭，越想越烦，烦躁的心情导致你学不下去，没办法投入学习，那就要找老师或者专业的人士寻求帮助了，比如中国留学生心理支持中心的心理老师和心智教练，可以帮助你尽快调整心态，改变策略，把关注点从"拿不到文凭"这些焦虑上转移到**"如何学习才会拿到文凭"**上来，你可以试一下，转变想法真的是可以改变行为和状态的。

在这里也要特别强调一点，那就是如果你真的是专业选得不合适，或者自己确实没有足够的学习能力完成现在的专业学习，那就要快刀斩乱麻，及时止损，改换"赛道"。同时，建议你尽快跟父母好好沟通一下，把自己面临的困境跟家长说清楚，相信家长也会跟你一起面对，一起探讨更适合你的未来发展路径。

这一章的总结有点啰唆：

能力的问题归能力，心理的问题归心理，

努力的问题归努力，专业尽量适合自己。

17

留学第七关： 听不明白、理解不了，文化冲突该
怎么应对？

文化冲突是咱们留学生必须面对和解决的问题。当我们从自己
成长的文化环境来到另一种不同的环境时，由于地域文化、价值观
念、行为习惯、语言表达以及宗教信仰等多方面的差异，可能会产
生一系列的文化冲突问题。

那么，我们该如何应对留学中的文化冲突呢？

首先，了解并尊重不同的文化是克服文化冲突的第一步。在前
往新国家之前，留学生应该尽可能多地了解目标国家的文化背景、
地理气候、法律法规、教育体系以及风俗习惯等知识，尽可能记住
一些"不能做的事、不能说的话"以及"不能吃的东西"。同时做好
充分的心理准备，告诫自己一定要尊重当地文化，避免引起不必要
的冲突和误解。

因此，特别要注意的是，在参加当地社交活动时，务必提前了
解并遵守当地的礼仪规范，尊重当地人的习俗和信仰。因为文化冲
突所带来的负面影响说大就大，说小就小，一旦发酵，就不是咱们
留学生自己可以控制的范畴了。

其次，**保持升放和尊重的态度**去尝试适应当地的文化氛围。既然你决定了到这个国家、这个城市、这座大学留学深造，那就要抱有"入乡随俗"或"When in Roma，do as the Romans do"的心态。也就是说，当你在一个新的地域学习和生活时，不仅要尊重当地的文化习俗和行为规范，而且要尝试融入其中，积极参与当地的文化活动、学校的社团活动、志愿者活动等，深入了解当地文化，结交来自不同文化背景的朋友。有可能的话，顺便传播一下博大精深的中国文化，比如说中国饮食文化，说不定还能促进一下不同文化之间的交流与融合呢。

就像 2024 年年底美国的"TikTok 难民"涌入"小红书"，立刻就被中国网友神奇的鸡蛋羹、西红柿炒鸡蛋、红烧鸡翅等美食短视频征服了，纷纷学习烹饪方法并发布制作过程，一时间中西美食你来我往，呈现出一派其乐融融的和谐景象。

所以，聊一些吃吃喝喝的日常知识，永远是拉近社交距离的安全黏合剂。

还有，**保持正面看问题的心态和学会自我调适也是应对文化冲突的重要策略**。留学生应该认识到文化差异是一种正常现象，就像中国的东西南北地区也有不同的文化差异一样，不要把它看成是一种负面的挑战。相反，要把这种不同文化之间的差异看作是一种学习和成长的机会，你学我的"鸡蛋羹"，我学你的"炸薯条"，保持乐观和积极的心态，学会自我调适、随遇而安，学会兼收并蓄、为我所用。

简单总结本章的内容：

面对不同地域文化，尊重、接纳、融入、同化。

18

留学之路难关重重，我们为何仍要坚持关关必过？

出国留学，不仅仅意味着跨越地理的界限，更是一场心灵与智慧的磨砺。在这条漫长而曲折的道路上，每一个留学生都会面临重重难关，而正是这些难关，重新塑造了我们的世界观和价值观，让我们的留学生涯更值得纪念和回味。

远离家乡和亲人，留学生需要独自面对生活中的种种琐事。从租房、购物到做饭、出行，每一项看似简单的任务都考验着我们的**自理能力和应变能力**。然而，正是这些日常生活的点滴，让我们学会了独立坚强地面对生活的挑战。

留学路上的每一道难关，**都是对我们意志和能力的双重考验**。虽然关关难过，但我们必须关关必过。因为每一次的跨越，都是对自己的一次超越；每一次的突破，都会与梦想更加接近。留学不仅让我们收获了知识和技能，更让我们学会了如何不畏艰难，迎接挑战，超越自我，不断成长。

当你毕业的时候，当你收拾行囊准备回国的时候，如果你发现，此时的你已经变得更加成熟和坚强，内心更加丰盈并对未来充满希望，那么恭喜你！你已经成为更好的自己！同时，这些经历也会支撑未来的你，一步步成为最好版本的自己。

成为更好的自己，这就是我们留学闯关的意义所在。就像唐僧师徒历经九九八十一难，不仅取到了真经（专业提升），而且也成佛加冕（获得文凭），同时还超越了自我，成为更好的自己（内心强大，自我成长）。相信真的到了这一刻，你会感谢自己的努力和付出，你会觉得，所有的努力和付出都是值得的。

人生不妨看作一局又一局的体验游戏，留学这局游戏需要不断地打怪升级——你赢了，通关获得文凭；即便是这一局输了，你也玩过了，不是吗？人生游戏有很多局，学习、生活、工作、事业、爱情、家庭……每一局通关都不容易。当你拼尽全力通关"留学局"之后，你也就获得了很多人生游戏的技能值。这些宝贵的经历和收获，将赋能未来的人生道路，成为你不断前进的动力和源泉。

下面的诗句与你共勉：

宝剑锋从磨砺出，梅花香自苦寒来。

第三章

为什么留学的压力会比你想象的大很多

留学不仅仅面临学业方面的挑战，还是人生各种压力的集中呈现。从早晨睁开眼的那一刻，身体的健康状态、内心的情绪波动、面对家人期望的责任感，都可能无声无息地影响你一整天。

　　在异国他乡，学业的繁重与语言的不适不仅让你感到疲惫，而且可能让你产生疑惑：**我是否真的能够胜任这段艰难的学习旅程？**更令人揪心的是，这种忐忑不安往往会蔓延到生活的方方面面：情绪失控时，你可能依赖垃圾食品来缓解压力；人际关系紧张时，你可能会产生莫名的社交恐惧；甚至在爱情与职业选择中，你也可能因为缺乏自信和对未来的迷茫而感到无所适从。

　　那我们该如何去应对来自方方面面的压力，勇敢地与压力共舞呢？

19

为什么要重新认识压力？压力到底是好还是坏？

我们都知道，压力不是有形的物质存在，而是无形的心理感受，是一个人对一件事情、一个任务，或者对一个人、一个情景等，所感受到的心理的体验和感觉。问题是：为什么面对同样的一件事情，100 个人会有 100 种不同的感受；面对同样的一个任务，100个人感受到的压力可能都不一样呢？

这是因为我们每个人都是独一无二的存在，都有不同的**个性特质和身心状态**。心理学认为，性格外向、心态积极的人，更容易自己消化压力；而那些性格相对内向，心态消极的人更容易积累压力，没办法及时消化，就容易觉得累，觉得郁闷。

那么，**压力到底是好是坏呢？** 压力是怎样影响我们的身心健康和生活质量的呢？一般来说，人无压力轻飘飘，压力太大受不了。压力太小或者压力过大都不是好事。

美国斯坦福大学有一位专门研究压力的美女博士，同时也是一位健康心理学家，名叫凯利·麦格尼格尔（Kelly McGonigal），长期致力于心理压力的研究，结果发现了一个惊人的"秘密"，那就是：如果改变对压力的看法，那么，压力对人的影响也会随之改变，这是不是有点匪夷所思呢？

她在 TDE 演讲上说道："我发现一个人如何对待和应对压力，是可以转变压力对你的影响的——当你选择将压力反应视为有益的挑战时，你会在生理上变得更有勇气。当你选择在压力下与他人沟通时，你的生命会更有韧性。"

凯利博士的研究表明，压力本身不是问题，你怎么看待压力才是问题，当你认为压力有害的时候，它就真的有害于你，让你感觉很不好，身体也会变得越来越差。而当你认为压力不过是一种挑战，是调动你内在的生命资源，帮助你共同应对外在事件的时候，你就不容易被压力压垮，反而会得到身心的支持，保持良好的压力应激状态。

凯利博士还说道：压力会促进人体内的催产素分泌，这有利于人际交往，而且，如果你是一个愿意去帮助别人的人，通常对压力的敏感度要小很多，抗压能力更强，不容易在压力下受到伤害等。因此，她建议我们要正面迎接压力，跟压力做朋友，一起迎接生活中的各种挑战。

凯利博士在她后来出的书中写道："压力的背后，正是生活的意义所在。压力感越大的人，往往意义感也越大；而越是逃避压力，压力反而越大，甚至会引发压力繁殖的恶性循环，也就是逃兵效应，你会感觉压力始终追随着你，并且压得你透不过气来，成为一个很沉重的心理负担。"

或许，你可以这样理解：压力与意义成正比，也就是说，如果一件事是有意义的，通常也就伴随着压力的存在。为什么压力与意义连接得如此紧密呢？一个重要的原因是压力看起来是让人真正投入角色之中，追求满足意义感、追求目标过程中不可避免的副产物。

就像我们留学生，埋头书海刻苦学习确实需要付出巨大的心力，可是，当我们取得优异的成绩，拿到毕业证书的那一刻，是不是也会感到欣喜，觉得过去的付出都是值得的呢？

这仿佛是一个压力悖论：我们总以为压力越小越幸福，工作越轻松越幸福；可事实恰恰相反，人们**越忙越充实，越忙越幸福，即便是被迫接受更多的任务，也会感受到更多的意义。**

凯利博士说，有意义的压力可能对健康有益。注意！必须是有**意义的压力，是正当的，有积极、正向的目标的压力。**有了这样的信念，我们就可以变压力为动力，不是吗？

凯利博士介绍了几个简单转变压力的方法，对咱们留学生也是适用的：**首先是改变认知，重新给所谓的压力命名。**比如"变紧张为兴奋"，当你感到紧张的时候，你告诉自己：我有点兴奋；"变恐惧为挑战"，当你恐惧的时候，你可以对自己说：我正面临挑战；"变痛苦为资源"，当你经历了一段痛苦的日子，你可以说：我拥有了一段难忘的经历，它也是我的人生财富。这样说的时候，是不是感觉有点不一样了呢？

凯利博士认为，**压力的本质，不是用来害怕的，而是用来抗挫的。**压力就是一种心魔，是来考验和成就你的，压力也是来做筛选的，你若扛得住压力，就可能成功；若扛不住的话，对不起，就只能被淘汰掉，请记住：

压不倒你的压力，都会令你更强大！

20

语言压力： 语言障碍，是水平问题还是心理障碍？

无论你去哪个国家留学，语言必定会成为一堵需要跨越的"隐形高墙"。许多留学生因此感到焦虑，甚至回避社交。咱们中国留学生，从小就被中华传统文化中的谦逊和内敛所熏陶，在日常沟通中普遍缺乏表达的勇气，这就让语言问题显得更加棘手。

当然，语言障碍的原因有很多，在本书第二章第 11 问的案例中体现得很具体。首先，确实与语言水平有关。因为英语不是我们的母语，我们用英语与母语人士交流时，想要达到"完美表达"本身就很难。然而，这样的差距是完全正常的，若因此苛责自己，就可能让内心的自我批评声音变大。**我们越担心语法错误，越害怕因为口音被"看不起"，结果反而越不敢开口。**

还有一些人因为过往的负面经历对语言表达产生了恐惧，比如曾经因为说外语的时候不流利，经历过十分尴尬的场面或收到过不友好的反馈，这些经历可能让我们变得更加胆怯，而这样的心理阴影会逐步积累，进一步影响我们表达的信心。

面对这些问题，接纳自己的语言水平是第一步。语言学习需要时间，"不完美"是成长的必经阶段。过于追求完美只会加重自我批评，让我们越发抗拒开口。如果问题源于负面经历，可能需要通过心理咨询来缓解心理创伤。同时，积极地练习英语表达，比如参加口语课程或语言活动，也可以帮助我们重建信心。

提升语言能力的途径有很多。除了课堂学习，可以试着加入语言小组、兴趣小组，或者尝试做兼职或义工。这些课外活动提供了更真实、更放松的语言环境，能帮助我们更自然地使用英语，同时缓解因为"正式场合"带来的压力。

有些同学可能因为语言问题而逐渐变得抗拒社交，甚至发展成"社交恐惧"。他们可能害怕课堂提问，不愿参与讨论，甚至只与其他中国留学生互动。这种方式虽能提供一些情感支持，但却阻碍了英语能力的提高。语言问题和心理问题常常密不可分，我们需要正视语言障碍可能反映出的心理健康问题。因此，平时可以尝试做一些心理练习，比如自我鼓励、放松训练、可视化练习等，都可以帮助我们更积极地面对语言挑战。

放下"完美主义"是解决语言表达障碍的关键。因此：

要勇敢地面对不完美的自己，还有不完美的外语水平。

21

学业压力：为什么留学生更容易焦虑、疲惫和拖延？

拖延是许多留学生都会遇到的常见问题。这种现象与焦虑、疲惫和情绪低落密切相关，形成一种"双向关联"。有拖延习惯的学生更容易感到焦虑和疲惫，而处于身心压力中的学生也往往更容易拖延。要想改善这种情况，必须同时缓解学业压力和情绪问题，**心理调整和时间管理双管齐**下。

首先需要明白，拖延并非完全有害。虽然它确实会降低学习效率，但也是某些学生思维特点的表现。例如，艺术类学生中更容易出现拖延，而一项针对商科学生的研究显示，拖延者往往在产生新颖商业理念方面表现更优异，其比例比非拖延者高出 28%。这表明**拖延可能与发散性思维有关**，尤其是需要创意的任务，更需要留出足够的时间"准备进入状态"。

对于这类学生，盲目要求杜绝拖延并不合理。相反，可以引导他们通过更好的时间管理技巧，逐渐找到适合自己的节奏。同时，可以结合自我认知练习，**帮助他们了解自己的特点**，学习如何缓解压力和改善情绪健康，从而在遵循直觉的同时提高效率。

然而，也有一部分学生的拖延情况较为严重。一些人可能因为重大人生变故或长期心理健康问题，导致无法适应高强度的学业要求。对于这些同学，需要针对个体情况采取不同的方法。经历重大逆境的学生，可以通过心理咨询缓解心理压力，同时在必要时向学校申请学业或论文延期，减轻学术负担，避免进一步恶化心理健康或导致挂科。

改善拖延的有效方法可以从以下几个方面入手：

增强时间管理意识：将时间结构化，分为学习、社交、锻炼和休息等不同阶段，并制定清晰的时间表。对任务进行颜色编码，一目了然，方便执行。

优先完成重要任务：拖延者容易分心，因此，需要明确每天最重要的任务并优先完成。这不仅能避免遗漏关键工作，还可以减少焦虑，提高专注力。

使用"番茄工作法"：这种方法在留学生中非常流行，有助于专注和提升效率。可以下载"Pomodoro"应用，将学习时间设定为25 ~ 45分钟，之后安排5 ~ 15分钟的短暂休息，循环进行，直至完成任务。

改善拖延，需要同时关注身心压力和时间管理。当我们学会调整情绪、改善状态，并找到适合自己的时间管理方法时，拖延就不再是不可逾越的难题。每一次主动的行动，都会让学业压力变得更加可控，因此：

焦虑和拖延双向关联，心态和时间管理很关键。

<u>22</u>

社交压力： 你的社恐是因为自卑还是源于独特天分？

社交焦虑症（SAD），也称为社恐，在留学生中较为常见。尤其是两类学生，高敏感者（HSP）和共感者（Empath），更容易表现出这种现象。

高敏感者的大脑能够处理大量的表层和潜意识信息，他们的身体和情绪感知力比常人更加敏锐。这种特质让他们具备出色的洞察力和创造性思维。然而，70% 的高敏感者也具有内向性格，这种组合常让他们在社交中显得腼腆、不自信、不合群。许多高敏感者还可能因为童年被霸凌的经历留下心理创伤，当这些未被疗愈的创伤在陌生而复杂的海外学习生活中被触发时，他们更容易出现社恐、自卑、焦虑和抑郁等问题。这不仅影响日常生活，也会削弱学业表现。

共感者在人群中的比例很少，但他们拥有极强的"共情能力"和直觉感知力。这种能力让他们能够迅速理解他人的情绪和内心世界，但也常常把这些情绪和压力"内化"为自己的负担。共感者往往心地善良，但对身心能量的高度敏感令他们容易感到不堪重负。他们常面临慢性疲劳、焦虑和抑郁的困扰，而随时随地与**外界产生**的"能量共振"既是他们的天赋，也是挑战。

高敏感者和共感者的独特天赋，使他们更容易走上自我觉知和心灵成长的道路。然而，他们的天赋也让他们更容易被社交焦虑困扰。针对这两类人群的社交问题，可以尝试以下调整方式：

放松紧张的神经系统：尝试韵律式深呼吸（例如，4 秒吸气、4 秒呼气，或 4 秒吸气、8 秒呼气）。高敏感者和共感者的神经系统常处于"战斗或逃离"的交感神经状态，在社交场合中会进一步亢奋。通过每天 2~3 次深呼吸练习，可以**放松过于活跃的神经系统**，帮助身体和情绪保持平衡。

建立清晰的个人边界：许多高敏感者和共感者之所以社恐，是因为他们不懂得拒绝他人。这种**无法"说不"**的习惯常导致他们能量透支，进而屏蔽所有社交活动。**学会设置界限是关键**。一方面，要懂得及时止损；另一方面，也需要通过积极的活动为自己充电，保持健康的人际关系。

改善社恐的关键在于增强自我觉知。当我们能更好地理解自己的特点，发挥天赋，同时不让焦虑限制我们的行动，就能在社交中找到属于自己的节奏。你会发现，这不仅是应对社交挑战的方法，也是开启**成长之旅**的起点。

社恐的人更容易共情，因此，需要设定界限维护好平衡。

23

情绪压力：为什么情绪说来就来，该如何应对负面情绪？

情绪波动的原因有很多，既可能来自心理层面，也可能与身体状态密切相关，例如，不健康的饮食方式常常会加剧情绪波动，让负面情绪更加难以控制。在陌生的生活环境中，面对学业、考试和人际关系的多重压力，许多留学生也会不自觉地陷入**情绪化饮食**。这种利用食物来缓解压力、焦虑、孤独或无聊情绪的行为，却只能带来短暂的心理安慰。

情绪化饮食的人通常会选择"舒适食物"，例如，高糖、高脂、精加工的垃圾食品。然而，这些食物会导致身体多个系统出现炎症反应，包括大脑和神经系统功能失调、消化不良和内分泌紊乱。这种身体失衡会进一步加剧情绪问题，让人更容易感到焦虑、抑郁、不安和恐慌。**情绪化饮食和负面情绪之间往往会形成一个恶性循环**，如果不及时干预，身心健康都会受到损害。

研究表明，不健康的饮食习惯与焦虑、抑郁、强迫症、社交焦虑症以及双相情感障碍等心理问题密切相关。尤其是高糖、高脂饮食，会加剧情绪波动，让人感觉"压力爆棚"。情绪化饮食的核心问题在于我们往往无法区分"身体饥饿"和"情绪饥饿"。情绪压力引发的饮食冲动，实际上是神经系统应激反应导致激素失衡的结果。

改善情绪化饮食的第一步，是在情绪波动时转移注意力，去做与食物无关的事情。可以尝试锻炼、户外活动、与朋友通话、听音乐、跳舞、手工制作等活动，这些都有助于舒缓情绪，避免用食物来管理压力。

呼吸练习对缓解情绪波动有显著效果。多项研究表明，定期呼吸练习能够在短时间内改善心理健康，带来长效益处。以下是一个常用的练习——4∶7∶8呼吸法，具体步骤如下：

1. 坐着或躺下，保持身体放松。

2. 闭上双眼，让心情平静下来。

3. 用鼻子深吸气，同时在心里默数"1，2，3，4"。

4. 屏住呼吸，默数"1，2，3，4，5，6，7"。

5. 用嘴缓慢呼气，想象自己在吹凉一杯热茶，或者通过吸管缓缓呼出，同时默数"1，2，3，4，5，6，7，8"。

6. 重复以上步骤，持续五分钟。建议每周练习至少三次，坚持3~5周。

另外，学会觉察自己的情绪，尝试接受自己的情绪，也接受有情绪的自己，都是可以快速调节情绪的心理学实用小技巧。比如当你生气的时候，你就在心里对自己说："我生气了，我感觉我在生气，我在生气，我知道我在生气。"这就是觉察。而且，当你在心里说出自己有情绪的时候，你会发现，你的负面情绪得到了关注，它似乎也就开始消退了，这是因为，情绪本来就是想要引发我们的关注，告诉我们有事情发生了，想要引导你去妥善地处理和平复。

因此，负面情绪虽不可避免，但如果能用适当的方式去应对，并不会成为生活的阻碍，反而会引导我们更加了解自己、关爱自己，学会调整心情和管理情绪。假如你看过关于情绪小精灵的迪斯尼动画片《头脑特工队》，你就应该确信：

情绪都是小精灵，嚷嚷有事要发生；
觉察释放深呼吸，应对得宜心自定。

24
健康压力：留学生中最常见的健康问题有哪些？

失眠、嗜睡、白天无精打采、头痛 / 偏头痛、肌肉酸痛、消化不良、季节性情感障碍、免疫功能下降、经前期综合征、荨麻疹、慢性疲劳——这些是留学生中最常见的健康问题。在前来咨询的留学生中，有高达 90% 的人报告存在身体健康问题，这是一个不容忽视的比例。

留学生健康问题的原因非常复杂，涉及生理和心理两个层面。**生理层面**的原因包括激素水平失调、内分泌紊乱、神经递质失调、大脑炎症反应、基因因素和营养缺失等。**心理层面**则以"童年人生逆境"（ACEs）引发的"创伤后心理应激反应"最为常见。

生理层面的改善方法

通过调整饮食和生活方式，许多生理问题可以得到改善。以下是一些有效的建议：

彩虹饮食：每天摄入多种颜色的植物性食物，如蔬菜、水果、豆类和坚果。这些食物富含微量元素和抗氧化物，有助于减轻身体炎症，提高身心健康水平。

经常锻炼：无论运动类型或时长如何，坚持锻炼都会对健康带来积极影响。可以根据个人喜好选择合适的活动，如跑步、瑜伽或舞蹈。

补充营养：对于饮食不均衡或存在慢性健康问题的学生，可以咨询专业人士补充矿物质和维生素。常见的补充剂包括镁制剂、复合维生素 B 和欧米伽 3，它们对缓解压力和改善慢性疲劳非常有帮助。

重视睡眠：保持固定的睡眠时间，确保每天不少于 7 小时的优质睡眠，是身心健康的基石。同时，尽量在晚上 12 点之前上床睡觉，因为调整昼夜节律有助于提高整体健康状态。

▢ 心理层面的影响与改善

童年人生逆境对健康的影响非常深远。研究显示，童年经历三次以上逆境事件的个体在成年后患慢性疾病的风险是普通人的三倍，而经历四次以上逆境事件则会大幅增加患 2 型糖尿病和心脏病的概率。在留学生中，有过童年逆境经历的学生比例同样接近 90%，并且这一群体的身体健康问题尤为突出。

针对因童年逆境引起的健康问题，可以尝试以下身心合一的方式：

筋膜放松练习：通过缓解身体特定区域的筋膜紧张，可以实现深度放松。例如，**丹田呼吸法**和**腹式呼吸法**对缓解长期积累的紧张感效果显著，具体方法在 CISC 的微信公众号下面的"自助百科"菜单里有老师的音频引导，有需要的同学可以去收听和跟着做练习。

正念静心练习：正念练习不仅可以提升自我感知力和情绪调控能力，还能改善脑电波频率。经常练习正念有助于增强身体对压力的抵抗力，减轻炎症，提升整体健康水平。

在这里特别想跟留学生们分享心理学的一个观点，那就是"超过 80% 的身心疾病都是由心理问题导致的"，也就是说，很多时候我们身体的不适，都是心理问题的身体反映。比如，长期压力大可能导致胃溃疡、高血压，焦虑、抑郁情绪可能引发失眠、头痛等症状。因此，保持心理健康，学会调节情绪，对预防和治疗身心疾病至关重要，让我们：

关爱健康，从"心"开始。

25

恋情压力： 相爱的前提是先爱自己还是更爱对方？

情感婚恋是很多留学生都特别关心的话题之一。作为人生中重要关系的组成部分，恋情不仅影响日常生活，更是促进个人成长的重要契机。先提醒一下，如果你在感情中遭遇了比较大的伤痛和烦恼，除了可以自己一个人偷偷疗伤，或者找值得信任的朋友倾诉之外，还可以寻求专业心理咨询师和教练的帮助，因为大部分的情感创伤，都与一个人过往的成长经历和曾经的亲密关系相处模式密切相关，如果不能在情感磨炼中得到快速成长，很可能这些伤痛和烦恼就会不断重复。

在恋爱关系中，很多人都会面临一个难以抉择的问题：**究竟应该先爱自己，关注自己的感受和需求，还是更关注对方的感受和需求？** 对青年人而言，感情往往带有更多的激情和感性色彩。遇到矛盾时，极端的情绪反应可能让人难以平衡地看待自己和对方。此外，许多留学生通过社交媒体获取关于谈情说爱的建议，而不少情感博主或"网红"的观点未免有些个人化，可能带来对恋情的片面认知和联想。

在回答"先爱自己还是更爱对方"这个问题之前，首先需要了解你是否真正接纳自己，以及你的恋爱对象是否能接受真实的你。每个人在亲密关系中的核心需求，是希望能在关系中做自己，而不是伪装或勉强迎合。亲密关系具有促进成长的潜力，因为它要求双方要放下在其他关系中习惯戴着的"面具"。因此，在情感咨询中，我们经常提出两个关键问题：你是否接受真实的自己？你是否了解自己的真正需求？

这两个问题比"先爱自己还是更爱他人"更为重要。只有清楚自己是谁，以及什么样的对象适合自己，才能避免在感情中走弯路。以下是一个简单的静心练习，帮助探索"真实的自己"和"真实的需求"：

选择一个安静的空间，确保不会被打扰。

花五分钟时间完成练习，先做几个舒缓、深长的呼吸，用鼻子吸气，用嘴慢慢呼气。

想象身体逐渐放松，进入一个未来的场景。在脑海中描绘你最理想的自己，正过着你最想要的生活。

在这个画面中，观察你是独自生活，还是与伴侣、子女共度时光？

感受一下，哪种未来的自己让你感到更加自在、满足和充实？

结束练习后，回到现实，记下你的感受和想法。

通过这样的练习，我们可以更清晰地了解自己的需求，也能更自信地选择适合的伴侣。总之，开始一段感情的前提是先了解和接纳自己。只有这样，我们才能在感情中避免盲目付出或妥协，为彼此创造更加健康和充实的关系。

其实，本节的问题就是一个"坑"，我们想通过你掉到坑里，做无法选择的选择题（怎么选都是错，或者都没错），进而来勇敢地面对真实的自己，好好思考和感受一下未来的自己，究竟想要过什么样的生活？所以：

爱自己也爱他人，流动的爱会双赢。

26

家庭压力： 如何处理原生家庭带来的责任感与内疚感？

许多留学生在承受学业压力的同时，还会隐隐地对父母、家庭有一些难以言说的责任感和内疚感。他们常常担心自己无法达成留学目标，害怕辜负父母的期望。这种情绪的根源，往往与家长对孩子海外学习生活的巨大投入息息相关。

为了支持子女留学，许多家长在经济、生活甚至情感方面都做出了很大的牺牲，而当下很多身为独生子女的留学生们，深知家长付出的种种努力十分不易。有的家长长时间陪读，与家庭分离；有的为了保障经济支持，不惜降低自己的生活质量或改变职业规划。

这种无私的付出让许多学生感到需要以更大的努力来回报父母的期望，以证明他们的投入没有白费。

然而，在心理上，**这种责任感常常会逐渐演变为一种"双重压力"**。每当学业遇到问题时，他们不仅感到焦虑，还会陷入"内疚强迫症"：一方面担心自己会辜负父母的期望，害怕留学不顺利或者将来不能"偿还"父母的巨大投入；另一方面这种内疚感又加重了对学业的恐惧，形成恶性循环。原本可以克服的小挫折，可能因此被夸大成不可破解的难题。

什么是内疚强迫症？

内疚强迫症的特点在于，**它会让我们对自身责任产生夸大的认知，甚至为超出控制范围的事情感到内疚**。患者常常过度关注自己的短板，而对长处视而不见。他们会自我批评、自责，陷入精神内耗的困境。

内疚强迫症通常与缺乏自信、完美主义、童年逆境经历以及焦虑或抑郁等心理问题有关。它不仅会影响心理健康，还会进一步削弱我们应对学业压力的能力。

如何改善内疚强迫症？

以下五种方法可以帮助缓解内疚强迫症的影响：

1. **接纳正常的内疚情绪，排除夸大的部分。**学会区分合理的责任与不合理的内疚，避免被过度地情绪绑架。

2. 培养自我同情心，进行积极的自我对话。用更温柔、鼓励的方式对待自己，而不是苛责和批评。

3. 自我宽恕练习。在犯错或遇到困难时，允许自己从中学习，而不是一味自责。

4. 放下完美主义。接受"不完美"是正常的，鼓励自己从失败中成长。

5. 专注于可控的事情。把精力放在能实际改善的领域，而不是担忧无法改变的事情。

▓ 一个简单的练习：培养自我同情心

下次遇到挫折或感到内疚时，想象你的好朋友遇到了同样的问题，并向你寻求帮助。你会怎么对待这位朋友呢？你不会责备对方，而是会给予他鼓励和支持吧？那么，为什么不能这样对待自己呢？尝试把自己当作朋友，给自己安慰和力量，而不是批评和否定。

战胜内疚感的关键是自我接纳和自我宽恕。当我们能够接纳自己的不足，给予自己宽容，我们就能从压力中解脱出来，更自信地面对学业和生活中的挑战。

谁言寸草心，报得三春晖；
努力做自己，就是报亲恩。

27

求职压力: 你想要对口的专业，还是对口的人生?

职业选择不仅是一个现实问题，更是人生的重大抉择。许多留学生在选择专业时，往往以学校和专业排名以及未来工作机会为依据。这种方式理性且常见，也确实帮助不少人踏上了一条稳定的职业之路。然而，也有一些学生展现出更感性甚至开创性的选择，他们的职业路径充满了具有个性的追求。

有些人选择循规蹈矩的"康庄大道"。他们偏好复制成功模式，选择更容易被社会认可的热门专业。从入学起，他们的人生仿佛已经规划好了一条清晰的轨迹：毕业后进入对口的行业，在职场中按部就班地进步，过上稳定且"步步高升"的生活。

而另一些人选择"遵从本心"的道路。这些学生更倾向于探索自己真正的兴趣和天赋，在专业选择上追求与自我个性的高度契合。他们的重点在于人生的成长，而不是单纯考虑未来的职场竞争力。毋庸置疑，这种选择让他们走上了一条更加独特且充满挑战的道路。

▥ 没有单一的成功之路

无论选择"康庄大道"还是"遵从本心"，都无法避免变化和挑战。有些选择热门专业的学生，可能在学习过程中发现自己的兴趣与天性完全背道而驰，最终转向更符合内心需求的方向。而那些遵从本心的学生，也可能在面对职业发展中的种种阻力时，感受到身心的疲惫，从而调整方向，回到更稳妥的职业道路上。

由此可见，**在专业和职业的选择中，不存在绝对正确的答案**。人生是多种内外因素共同作用的结果，没有人能完全复制他人的成功，也没有人能保证今天的选择就是最佳选择。

如何选择最适合自己的方向？

尽管没有"唯一正确的答案"，我们仍然可以通过以下步骤，更清楚地认识自己适合的专业、职业和人生道路：

1. 列出六个你最热爱的领域、科目或课程。
2. 从中选出你投入时间最多的三个项目。
3. 分析这三个项目所对应职业方向的利弊。
4. 选择最符合自身个性和人生需求的方向。

冥想练习：感受未来的自己

在进行这个练习时，首先深呼吸几次，让自己处于放松的状态。然后，针对每个可能的选项，进行"未来时空"的冥想：

想象自己在未来五年或十年内，从事某个职业；

体会当时的生活状态：你是否感到满足、充实？工作是否与你的个性和天赋相匹配?

比较不同职业的感觉。例如,先想象自己是工程师,然后想象自己是艺术疗愈师,感受其中的差异。

选择对口的专业,就是在选择对口的人生。无论你走的是"康庄大道"还是"遵从本心"之路,关键是了解自己、尊重内心的需求,并为自己的选择负责。只要出发点是基于真实的自我认知,无论选择哪条路,都能成为通往成功和幸福的途径。

心有所属曲径通幽,志有所向正途自明。

第四章

为什么说留学避不开 "花钱省钱" 的算术题

在留学期间，学业压力和文化冲击往往被认为是留学生要面临的两大挑战，而实际上，经济问题也是横亘在许多留学生面前的一道不可忽视的难题。从生活费的节省到突如其来的经济危机，从兼职工作的选择到理财技巧的养成，金钱问题无时无刻不在考验着留学生的生活适应能力和心理承受力。

金钱不仅是生活的基础，更是一面放大镜，反映着我们的消费习惯、应变能力以及对压力的态度。在一个陌生的国度里，每一分钱的花费都需要经过深思熟虑，而面对经济危机时更是如此：**是寻求外界的帮助，还是通过调整开支和兼职来缓解窘境？**每一个选择都关乎生活的稳定和心理的平衡。

无论是对于留学生还是国内的大学生，金钱都是一个绕不过去的话题，特别是对于留学生，更是"全面独立"的重要组成部分。我们在第一章已经说过，大学阶段，正式离开父母，离开家庭，开启了"独立学习和生活"的人生旅程，这是一段非常重要的"三观"重塑时期，也是心智快速成熟的"成人"期，更是一段独立生存游戏的开启。因此，你不得不正面应对沾满俗气的"金钱"问题，无论是平日生活花钱，还是需要解决突如其来的经济危机，你都必须开始"算计"，开始处理金钱带来的问题。

学会处理金钱问题，是留学生必须面对的现实问题，也是个人心智成长的重要标志。让我们一起来加一点心理学的招式，尝试破解"花钱省钱"的算术题，找到属于你的最优解。

28

假如钱袋告急：如何应对突如其来的经济危机？

经济危机常常像是一场突如其来的暴风雨，让人措手不及。也许是一时的资金短缺，又或是日常生活成本超出了预算，甚至是因被偷、被骗而陷入困境，无论原因如何，这种突发状况总是让人猝不及防，焦急万分。然而，危机中往往隐藏着转机，如何从迷茫中找回主动权，关键在于冷静应对和理清思绪。

从混乱到清晰：理清问题的根源

大手大脚花钱的留学生 Kai 在经历了一次突如其来的房租上涨后，深刻体会到了经济危机带来的压力。"那时候我完全慌了，脑海里全是'怎么办'，根本无法思考。"Kai 回忆说。等到终于可以冷静下来想想该怎么办的时候，他开始全面梳理自己的开销。

明确问题的根源是解决问题的第一步。是房租突然上涨？还是预算规划出现了漏洞？把学费、房租、生活必需品列为优先级，而将非必要消费如外卖、娱乐等搁置到次要位置。当 Kai 仔细分析后，他发现自己以前过度依赖外卖和高消费社交活动，这些费用可以在短期内大幅削减。

借力而行：善用外部支持

许多留学生在面临经济危机时，往往忽略了身边的资源和支持网络。Kai 开始尝试向学校和社区求助。他发现，学校设有"紧急资助基金"（Student Support Fund），为遇到经济困难的学生提供短期帮助。在努力研究后他申请了这项基金，并幸运地获得了资助，成功缓解了短期的经济压力。

与此同时，他了解到社区资源也可以派上用场。英国的许多城市设有"食物银行"（Foodbank），为经济紧张的人群提供免费食品和生活必需品。这些资源虽然看似不起眼，却能在紧急情况下提供切实的支持。

对于 Kai 来说，最困难的一步是向家人坦诚自己的经济困境。"我害怕让家里担心，也不想显得不够独立。"然而，当他鼓起勇气打电话和父母沟通后，得到了及时的经济援助和情感支持，也减轻了心理上的压力。

调整习惯：从危机中学会精简生活

渡过经济危机的另一个关键，是重新审视自己的生活方式。Kai 决定暂停外卖，尝试自己下厨，并在朋友的建议下，选择了性价比更高的超市购物，比如 Aldi 和 Lidl。他还利用学生折扣，购买了不少必需品。

"我原以为自己虽然不是很节俭，但花销也在正常的开支范围之内，这场危机让我清醒地认识到，作为留学生，其实可以减少许多不必要的开销。"Kai 说，"当你开始关注每一笔花费时，你会发现原来生活并不需要花太多钱。"通过这种方式，他不仅节省了开支，还培养了更独立的生活能力。

行动的力量：用兼职缓解困境

对于许多留学生来说，兼职是一种直接有效地解决经济困难的方式之一。Kai 找到了一份在西餐厅工作的兼职，这份工作不仅为他提供了一部分经济支持，也让他有了更多与当地人接触的机会。他感慨地说："虽然这份兼职收入有限，但**我感觉自己在掌控自己的生活**。"（更多兼职建议在本章的第 30 问中有更多分享）

因此，**经济危机并不可怕，可怕的是面对问题时的迷茫与逃避**。当你选择直面挑战，并积极寻找解决方案时，就会发现，凡事都有至少三种解决方案，同时，你也会真实地感觉到，自己比想象中的更强大、更有韧性。

经济危机是生存挑战，冷静行动你也可以赚钱。

29

生活费的魔咒: 如何精打细算用好每一分钱?

对许多留学生来说,生活费的管理似乎是一场没有尽头的挑战。收入和支出总是像一场"猫捉老鼠"的游戏——刚收到的生活费转眼间就消失无踪,不得不天天精打细算地过日子。这种窘境不仅让人感到焦虑紧张,更让人产生自我怀疑:我真的不会管钱吗?事实上,管理生活费不仅是一种技能,更是一种对生活的态度。

从预算开始,掌握生活全局

Lisa 刚到英国的第一个学期,就因为生活费管理不当而经历了一段"尴尬期"。她回忆道:"刚收到生活费时,总觉得这笔钱很多,忍不住买了许多不必要的东西,比如零食囤货、打折衣服,甚至订阅了几个流媒体服务。但到了月底,我才发现自己竟到了捉襟见肘的地步,连下一顿饭的钱都成了问题。"

经历了一次次的"月末危机"后,Lisa 开始学着用预算掌控自己的生活费。她采用了"三分法":首先是**必需开支**,比如房租、交通费和日常饮食,这是不可动摇的部分;其次是**灵活开支**,用于社交活动或购物,可以根据需要调整;最后是**储备金**,每月预留

5%~8% 的资金应对突发情况。"当我开始严格按照这个规划执行时，生活突然变得有序了许多。"Lisa 笑着说，"不仅不用担心没钱花，我还学会了如何更好地平衡花销和储蓄。"

避开隐形消费陷阱，找到省钱的乐趣

一个常见的隐形消费是外卖的频繁订购。订购外卖虽然方便，但成本往往很高。Lisa 决定每周至少自己做三次饭，这不仅节省了开支，还让饮食更加健康。她甚至开始享受做饭的乐趣，她感觉："亲手做一顿饭，有时比吃外卖要满足得多。"

此外，Lisa 还学会了在购物中寻找省钱的乐趣。国外的超市经常有优惠活动，社区的跳蚤市场也常常有特别回馈惊喜。同时，通过购买二手教材和生活用品，她不仅节省了钱，还感受到了一种特别的获得感。"用更少的钱办更多的事，也是一种很棒的体验。"

学会平衡：理性与满足兼得

虽然精打细算是必要的，但完全压抑消费欲望也会让人感到生活失去了色彩。Lisa 每个月会为自己留出一小部分"奖励金"，用来满足一些小愿望，比如去看一场喜欢的戏剧，或者参加一次有趣的活动。"这些小花费看似不必要，但它们给了我坚持预算计划的动力。"当你学会从容地安排生活中的开支和收入时，就会发现，省钱不再是一种压力，而是一种智慧。

精打细算地生活，让你花钱更有智慧。

<u>3</u>0

打工养活自己： 如何靠兼职来缓解经济压力？

在留学生活中，兼职几乎成了许多学生无法绕开的选项。对一些人来说，兼职是缓解经济压力的必要选择；而对于另一些人，兼职则是一种融入社会、积累经验的方式。然而，**兼职真的能完全解决经济问题吗？** 又是否会对学业和生活的平衡产生影响？在这份生活的拼图中，兼职究竟能填补多少空缺，关键在于选择和管理。

现实考量：兼职是否真能缓解经济压力？

Zac 是一名在伦敦的留学生，曾在一家咖啡店兼职，每周工作约 20 小时，月收入大约 900 英镑。这笔钱勉强可以覆盖他的伙食和交通费用，但他坦言："即使有了这份收入，我还是需要靠家里的支持才能支付高额的房租和学费。"

兼职确实可以减轻部分经济负担，但它更像是一种补充，而非**完全的解决方案**。特别是在伦敦这样生活成本极高的城市，仅靠兼职很难完全维持生活。因此，在考虑兼职前，首先需要对自己的经济状况进行全面评估：是否已经有基本的资金支持来源，如家庭、奖学金或助学贷款？兼职能否帮助自己补足差额，而不会给学业带来过大的压力？

时间与精力的博弈：兼职的挑战

兼职不仅仅是付出时间，还需要消耗大量的精力。在英国攻读本科及以上学位，学生签证允许每周工作最多为 20 小时，但许多留学生表示，这种工作时间虽然看似合理，却可能在学期的高峰期让人感到身心俱疲。

Jo 是一名金融工程专业的硕士生，课程安排紧凑，作业量很大。她尝试了一份服务行业的兼职，但不到两个月便不得不辞职。"每天下班回家，我已经筋疲力尽，根本没有精力应付日常学习。"她回忆道。

学业与兼职之间的平衡，常常是一道艰难的选择题。如果你的学业负担较重，或者需要投入大量时间进行项目研究，那么兼职可能成为一种负担，而不是助力。

选择适合自己的兼职类型

兼职的形式多种多样，找到适合自己的工作尤为重要。校内兼职，比如图书馆助理或研究助理，是许多学生的首选。这些工作环境相对轻松，时间安排也较为灵活。

如果希望锻炼社交能力，服务行业的工作是一个不错的选择。虽然工作强度可能较大，但通过与顾客和同事的互动，可以大幅提升语言和人际交往能力。

对于注重时间灵活性的学生，线上兼职是一个理想的选项。例如，计算机专业的 Nick 选择了远程开发工作，这份兼职不仅解决了他的部分学费问题，还让他在毕业前积累了宝贵的实习经验。

总之，兼职不仅仅可以获取经济上的支持，更是一种生活能力的磨炼，**关键在于选择适合自己的工作类型，并合理规划时间，确保学业和生活两不误。**当你从兼职中获得更多自信和能力时，就会发现，这不仅是一种生活方式的选择，更是一种成长的历程。

兼职需要想清楚，生活学业两不误。

31

善借"外力"：如何申请奖学金或寻求意想不到的资助？

对于许多留学生来说，奖学金和资助是一种重要的经济支撑，甚至可以成为改变困境的"外力"。然而，找到这些资源并顺利申请下来，并不是一件简单的事情。事实上，**奖学金的获取不仅是经济上的援助，更是一种能力上的认可。**

奖学金的基本类型

在英国，奖学金的种类繁多，了解它们的来源和特点是申请成功的第一步。以下是几种常见的奖学金和资助类型：

学校提供的奖学金：几乎所有大学都设有专为国际学生提供的奖学金，比如学术优秀奖、研究生专项奖学金等。这类奖学金通常与学生的学术成绩或专业背景挂钩，竞争较为激烈。

政府和基金会的资助：例如，英国外交部的志奋领奖学金（Chevening Scholarship）和中国的国家留学基金（CSC），面向学术和领导能力突出的申请者，通常包含学费和生活费。

行业奖学金：某些专业领域的协会或企业会提供专项奖学金，例如，计算机科学、工程或艺术领域的资助，适合有明确职业目标的学生。

通过了解不同类型的奖学金，你可以找到最适合自己的申请方向，避免盲目撒网。

寻找奖学金的"地图"

奖学金信息并不是"藏在深山无人知"的秘密，只要你足够细心，就会发现很多渠道可以帮助你快速找到相关资源：

学校官网和学生服务中心：学校的奖学金页面通常会列出所有面向国际学生的奖学金项目，并附有申请条件和截止日期。你要定期关注这些页面，避免错过机会。

专业导师和校友：与你的导师或学长学姐交流，他们可能会推荐一些未公开的内部奖学金或分享成功申请的经验。

外部资源：如 Scholarship Portal、Chevening 官网等网站，可以提供全面的奖学金信息搜索服务。

社区和社交媒体：留学生社群和微信公众号常会发布一些奖学金申请的最新动态，值得关注。

提高申请成功率的关键技巧

成功申请奖学金不仅需要满足规定的条件，还需要在众多申请者中脱颖而出。以下是一些提升成功率的实用建议：

精准匹配条件：确保选择的奖学金与你的学术背景、专业方向和申请要求完全吻合。如果不符合要求，尽早调整目标，避免浪费时间。

突出你的优势：在个人陈述或推荐信中，清晰展现你的学术成就、研究兴趣和未来目标。记住，奖学金的评委更关心的是你的潜力，而不仅仅是过去的成绩。

准备完整的材料：提前准备推荐信、成绩单和个人陈述等材料，确保所有文件格式统一且表达清晰，避免因材料不齐全而失去机会。

不要忽视小额奖学金：虽然金额可能不高，但积少成多也能缓解经济压力。

看到这里，相信你也发现了，虽然奖学金和资助是一种有条件的"外力"支持，不是我们想要就能得到的，但是，申请的主动权掌握在你手中，事在人为，如果可以找到适合的项目，精心准备，没准也能接住一个天上掉下来的小馅饼。

精心准备申请奖学金，唯有勤奋才是硬标准。

32

留学省钱秘籍：如何在日常生活中做到省钱有道？

在留学的旅途中，省钱似乎成了一种**必修课**。留学生几乎每天都在和钱打交道，从租房到日常开销，从饮食到社交活动，每一笔花费都考验着你的理财能力。然而，**省钱并不仅仅是减少支出，而是一种让有限预算发挥最大价值的生活智慧**。如果你能掌握这一技巧，生活的品质将不会因为预算的紧张而受到太大影响。

重新定义"省钱"：把钱花在对的地方

大二的 Lily 有过一次深刻的消费反思。刚到英国时，她总是忍不住买各种打折商品，"看着价格低就觉得不买是亏了"。然而，在清理堆积如山的衣服和未开封的厨房用品时，她突然意识到，这些"省下来的钱"其实是被浪费掉了。

省钱并不等于要少花钱，而是把钱花在最值得的地方。Lily 现在养成了一个习惯：每当看到想买的东西时，她会给自己 24 小时的"冷静期"。如果第二天依然觉得需要，她才会购买。"延迟满足"不仅帮她减少了无谓的支出，也让她对自己的消费选择更有掌控感。

此外，Lily 还尝试用"愿望清单"代替即时购买的习惯。当她想买某样东西时，会先记在清单上，等到下个月再看看是否依然需要。这个方法不仅帮助她筛选了真正想要的物品，还经常帮她发现更优惠的购买渠道。

识别消费陷阱：避开那些"看似划算"的选择

大促销季节是许多留学生的消费"灾难区"。避免掉入消费陷阱的关键，就像上面所说的，是学会分辨真正需要的东西。在购物前，可以问自己三个问题：我真的需要它吗？它是否在我的预算之内？它是否能长期使用？一般只有三个问题的答案都是肯定的时，才值得买下。

还有一种常见的"省钱式浪费"是购买大包装食品或饮品，却因过期或变质而不得不丢弃。尤其是新鲜食材，更要根据实际需求适量购买。此外，在超市选择超市**自有品牌**的商品往往能以更低的价格买到质量不错的产品。

省钱不仅是一种技能，更是一种生活态度。把钱花在对的地方，你会发现生活的品质不仅没有下降，反而因为有序和从容而更有滋味！

用一句流行语总结本节内容，那就是：

只买对的，不买贵的。

33

打破 "穷学生" 的怪圈: 为什么要学会管理消费欲望?

留学生活中, "穷学生" 这个标签似乎贴在了每个人身上。从计算每周的超市账单到纠结是否订一份外卖, 有限的经济支持让许多留学生感到压力巨大。可有趣的是, 面对同样的预算, 有些人过得充实而有品质, 而另一些人却总是被经济困境困扰。究其原因, 关键不在于收入多少, 而在于如何管理消费欲望。

为什么消费欲望总在左右我们的选择?

购物从来都不仅仅是获取生活必需品的行为, 它往往是情感需求和社会影响的折射。Linda 是一名在伦敦求学的留学生, 她坦言: "每当课程压力很大的时候, 我就忍不住打开购物网站。买些小东西, 感觉能缓解压力。" 这种 "压力型消费" 并不少见, 尤其是在学业和生活压力叠加的情况下, 购物似乎成了快速获得满足感的方式。

与此同时, 还有一种常见的心理——比较型消费。看到身边的同学使用最新款的电子产品或穿着名牌衣物, 难免会产生 "为什么我不能也买一个" 的想法。这种攀比心理往往会让我们忽略实际需求，为了追求 "看起来平等" 而花钱。

还有一种更隐蔽的消费动因是**奖励型消费**。例如，刚刚通过一次重要的考试，你可能对自己说："这次应该奖励一下自己。"于是买了原本并不需要的物品。虽然对自己偶尔的奖励是有益于心理健康的，但如果变成了 "惯性消费"，问题也会随之而来。

☐ "穷学生" 的真相：收入从来不是决定因素

很多人认为，经济状况的差异完全取决于收入，但事实上，消费习惯才是更关键的影响因素。一些家境较好的留学生，因消费习惯糟糕，依然会感到经济拮据。

Chris 是一名在曼彻斯特留学的硕士生，尽管家里给了他充足的生活费，但他每个月仍会入不敷出。后来，他决定通过记账来了解自己的消费情况，并由此发现了问题的根源：过多的网购和不必要的社交费用。之后，他给自己设立了一个规则：每月限制非必要消费的比例不超过总预算的 20%。"当我慢慢学会控制自己的消费欲望后，生活开始变得从容。"Chris 说。

☐ 为什么管理消费欲望是一项核心能力？

对消费欲望的掌控能力不仅能改善当前的经济状况，还会对未来的财务规划和心理健康产生深远影响。过度消费的后果可能包括：

经济压力加剧：消费超支会让你陷入债务，甚至需要向家人频繁求助，这会进一步加重自己的**心理负担**。

心理负担增加：当你意识到自己买了许多无用的东西时，**后悔**和**自责情绪**可能会让人更加沮丧。

影响长期目标：无法控制消费欲望会让你很难储蓄，从而影响未来的生活、学业或事业规划。

Lawrence 分享了他的经历：他曾经每月超支，不得不借钱度日。这种状况持续到他开始尝试定期记账，并为自己设定储蓄目标。"当我看到存款数字一点点增长时，我第一次觉得生活有了掌控感。"

不被消费欲望牵着走，你才能真正掌控自己的生活。从管理欲望开始，告别"穷学生"的烦恼！

34

换个角度看"赤字"：如何转化经济困境给你带来的焦虑？

一提到经济压力，许多留学生都会感到头疼。学费的催缴通知、生活费的不断缩减、突如其来的意外支出，这些困扰似乎无处不在。经济压力不仅是对于钱包的考验，更是一场对于心理的挑战。但换一个角度看，这些压力是否也能成为推动我们成长的契机呢？

经济压力的双面性：它既是挑战，也是机遇

经济压力表面上带来的多是焦虑和不安，但也可能成为激发潜能的驱动力，关键在于你选择如何看待它。

首先，经济压力迫使你学会分**清优先级**。当预算有限时，你需要决定哪些支出是不可或缺的 "刚需"，而哪些是可以延迟的 "可选项"。这种能力不仅能够帮助你渡过当前的难关，更是一项在未来生活中举足轻重的技能。

其次，它能够**培养创造性解决问题的能力**。如何用有限的资金满足生活需求？如何寻找更多收入来源？这些挑战会促使你开动脑筋，找到更灵活、更高效的解决方案。

最重要的是，它锻炼了你的**心理韧性**。直面压力而不是选择逃避，能够让你在下一次困难来临时更有底气。经济压力是一场 "隐形的锻炼"，它让你变得更加坚韧和从容。

从压力到动力：调整心态才能找到成长的钥匙

Sam 的经历就是一个典型的例子。他来自一个普通的工薪家庭，刚到英国时，为了支付高昂的生活费，他不得不偷偷同时打两份工。起初，他觉得压力让他喘不过气，但随着时间的推移，他意识到，**这段经历正在改变他**。他从一名普通的服务生成长为餐厅的值班经理，学会了团队协作和高效时间管理。他回忆道："那段日子虽然很难，但它让我学到了很多书本上学不到的东西。" 从压抑到成长，Sam 的改变来源于他对压力的重新定义。

当你从"为什么会有这些压力"转向"我能从中学到什么"时，经济困境就不再只是痛苦的来源，而会成为塑造个人能力的契机。

如何在经济压力下找到成长的契机？

明确目标，找到方向感：经济压力之所以让人感到迷茫，往往是因为缺乏明确的目标。为自己设定切实可行的短期目标，比如"每月存下 10% 的收入"，或者"通过兼职积累职业经验"。明确的方向能让你在混乱中找到前进的动力。

接受压力，正视现状：试着接受经济压力是你留学生活的一部分，而不是试图一味排斥它。可以告诉自己："这只是一个阶段性的挑战，它不会永远存在。"当你学会接纳压力后，就会发现自己能够更专注地应对问题，而不是被焦虑拖垮。

寻找切实可行的应对策略：面对压力，采取行动才是解决问题的关键。例如，尝试和房东协商房租的分期支付，或者申请学校的紧急资助基金。你还可以寻求社区资源，比如免费的职业辅导活动等等。

经济压力既是困境，也是成长的契机。当你学会转化视角后，就会发现，每一种压力背后，都隐藏着一次塑造自我的机会！

35

留学投资回报：留学真的是越来越不划算了吗？

近年来，留学被贴上了"性价比低"的标签，越来越多的学生和家长在犹豫：学费、生活费、机会成本，再加上全球经济不稳定和就业市场的激烈竞争，留学还值得巨额投入吗？

然而，留学是否"划算"这个问题，并不能简单地用一纸账单来衡量。

金钱回报：是否值得的显性层面

如果只是单纯看经济方面的投入产出比，留学投资的直接回报确实不如十几二十年以前。对于目标明确的高薪行业，如科技、金融和医疗，海外学历仍意味着更高的起点和更快的职业晋升。例如，刚毕业的 IT 专业学生，很可能因为拥有国际化背景而在职场中颇具优势。但是，艺术、教育等非高薪领域的学生，可能需要更长时间来积累经验与资源。

不过，这样的金钱数字对比无法涵盖留学的所有价值，因为"回报"并不仅限于经济层面。在薪资和职业发展之外，留学还能带来一系列无形的收益，这些价值同样影响深远。

隐性收益：眼界与成长的不可替代性

在多元文化中学习和生活，所获得的成长和认知无法简单量化。例如，文化冲击所带来的视野拓展，是留学生最常提及的收获之一。在一个全新的环境中，你会经历许多挑战，比如语言交流、生活习惯的适应，这些过程会让你更开放、更包容，培养你与不同文化背景的人交流的能力。

此外，许多国外大学的学术资源、创新平台和行业实践机会，有时是国内难以企及的。这些经历不仅会提升你的专业技能和竞争力，更重要的是，与全球各地的朋友建立联系，将使未来职业发展具有更多的可能性。这些隐性收益，往往是留学经历的精髓所在。

目标导向：决定留学是否划算的核心因素

对于"是否值得"的问题，每个人的答案可能截然不同，因为这取决于你的核心目标。

首先，问问自己：留学是为了什么？是为了更高的学历、更好的职业发展，还是开阔视野、体验不同文化？明确目标后，你会发现留学带来的价值更容易评估。

其次，要理性看待留学成本。如果留学带来的经济压力过大，不妨考虑申请奖学金或寻求资助。同时，你要清晰地知道，留学绝非"速成富翁"的捷径，而是一场需要时间积累的长期投资。它的回报，更多体现在未来的生活质量和选择自由度上。

▣ 回报不只是数字

Ariel是中国某985高校的本科毕业生，她的家人曾质疑她留学的意义："在国内也能找到不错的工作，为什么要花那么多钱去留学？"但她坚持完成了自己的留学计划。在英国的两年里，她不仅学到了更多专业知识，还通过**校企合作项目**进入了一家全球知名企业实习。如今，她已经顺利留在欧洲工作，不仅薪资翻了两倍多，还实现了自己多年的职业目标。"留学的真正价值不只是收入，还有对生活方式的选择权。"她说。

留学是现代版的"西游"取经，成长的回报一定会远超预期。

36

财富观的重塑：为什么留学会让我们重新思考金钱的意义？

留学生活中的每一分钱，都似乎被赋予了更大的意义。当你第一次站在陌生的城市，面对高昂的生活成本、学费和突如其来的意外开支时，钱不再仅仅是支付工具，而是生存和发展的基础。这种局面迫使每一个留学生**重新思考金钱的意义**，并尝试从中获得一场财富观的深刻重塑。

Dora 是一名传媒专业的学生，她初到英国时总是感到预算紧张。有一次，为了节省时间赶论文，她选择点了两周的外卖。虽然花费比自己做饭高许多，但她却觉得值得。"那两周的外卖给了我充足的时间专注学业，最终我拿到了优异的成绩。"她逐渐意识到，花钱并不是单纯的消耗，而是对生活的投资。**当你用金钱为自己争取到更多时间，或获得良好的心态，这种支出就具有了新的价值。**

然而，留学生活中，消费并不总是理性的，攀比心理难免会在不经意间侵蚀我们的理智。当看到其他同学用着最新款的电子设备，穿着昂贵的设计师品牌，不少人会感到自我价值的缺失，从而冲动消费。这种情绪不仅会让自己的经济状况更加紧张，还会加重心理负担。因此，学会独立判断消费的必要性，避免被攀比裹挟，才是留学生消费自由的第一步。

阿松曾经是一个典型的"攀比型消费者"。为了不输给同学，他总是选择最贵的餐厅吃饭，穿最潮的衣服。结果，短短几个月，他的存款便所剩无几。一次偶然的机会，他参加了一场免费的社区活动，和来自不同文化背景的人交流，才发现内心的充实与快乐并不需要昂贵的代价。从那以后，他开始反思自己的消费习惯，尝试找到更加符合自己实际情况的生活方式。"与其花钱追求纯粹的外在的光环，不如学会欣赏生活中其他简单的美好。"阿松感叹道。

留学生活还让人意识到，金钱的意义不仅在于满足个人需求，它还承载着对家庭和社会的责任感。对于很多留学生而言，父母的经济支持是他们迈出国门的坚实后盾。这种支持背后往往是无尽的信任与期望。用好每一分钱，不仅是对父母辛勤付出的回馈，更是一个人成熟的重要标志。

同时，经历了经济压力的留学生，往往更能感受到资源的珍贵。Asher 在毕业后成为一名公益项目的志愿者，他说："当你经历过经济的拮据，便会对资源的分配有更多理解，也会更愿意帮助有需要的人。"金钱，从一个私人领域的资源，逐渐变成社会意义的一部分。

在重塑财富观的过程中，留学给予我们的教育远超"如何省钱"这种简单的说教。它让我们学会分清优先级，掌控消费欲望，并将金钱作为一种工具去追求更有意义的目标。真正的财富，并不是拥有更多，而是懂得如何用得更好。下面的诗句与大家共勉：

天生我材必有用，千金散去还复来，

不被金钱所奴役，量入为出心自在。

第五章

为什么留学会面临全
新的人际关系挑战

当我们离开熟悉的生活圈，步入一个多元化的国际环境，人与人之间的互动就变成了需要不断适应与学习的过程——留学面临的人际关系挑战会迎面而来。这种挑战可能从一开始就有点激烈，比如与室友协作时的分歧、与异国同学初次交流时的尴尬，甚至是面对种族歧视或竞争压力时的无助。是的，人际关系的复杂性，**在留学生活中往往被放大**，成为我们成长路上不可回避的尴尬。

在国外，人与人之间的关系常常与国内截然不同。与教授的互动，可能让你体会到**"平等对话"**，但也可能因文化差异而感到无所适从；与异国同学的交流，则可能是一场语言与文化的碰撞，从最初的羞怯到逐渐的自在，都需要一步步迈出自己的舒适区。而队友之间的合作，考验你的是沟通能力和团队精神，在这一过程中，如何避免**"坏苹果效应"**更是关键所在。此外，"亦敌亦友"的关系、种族歧视的隐性挑战，都让我们不得不重新审视自己的人际态度与应对方式。

尽管这些挑战看似复杂，甚至让人感到不适，但正是在这些交往中，我们逐渐学会了**如何在人群中找到自己的位置**。我们不仅学会与他人互动，也重新认识了自己：**是什么让我们感到骄傲，又有哪些需要我们去改善？**每一次冲突或隔阂，都可能成为我们理解人性、开阔心胸的契机。

37

与自我的关系：为什么说自爱与自律同等重要？

自爱不仅仅是善待自己，更包括对自己的约束，它由两部分组成：**自我关爱和自我约束**。前者体现为接纳、照顾、感恩和宽恕自己，基于对自我的无条件的爱；后者则包含觉察、内省、锻炼和成长，基于对成为更好自己的期待。

在谈论自爱时，人们往往更多关注"自我关爱"，而忽略了"自我约束"。然而，**真正意义上的自爱，只有在两者兼顾的情况下才能实现**。如果只重视自我关爱而忽略自我约束，容易陷入自恋、懒散和拖延；而过于强调自我约束却缺乏自我关爱，又可能导致完美主义、自我厌恶和强迫倾向。无论哪一方面的缺失，都会让人更容易陷入焦虑、抑郁和精神内耗。

对于留学生来说，这种平衡尤为重要。在异国他乡的独立生活中，**面对学业、住宿、交友、师生关系和实习等多重挑战**，他们常常感受到巨大的精神压力。这些问题的根源在于，留学生正处于一个需要快速独立成长的阶段，需要重新审视与自己的关系，学会在关爱与约束之间找到平衡，培养健康的自我觉知和人生价值观。

如何培养自我关爱与自我约束？

自我关爱可以通过一些简单的日常行为来实现。比如，每天花时间做一些让身心放松的事情，像深呼吸、冥想或散步，都是很好的选择。在饮食方面，尽量摄入富有营养的健康食物，这不仅能滋养身体，还能改善情绪。同时，不妨抽空发展一个让自己开心的兴趣爱好，无论是音乐、艺术还是运动，都会让生活更有趣。此外，良好的睡眠对关爱自己至关重要，规律的作息和高质量的休息会让你每天都充满活力。而在情感上，主动维系与朋友之间的联系，也是一种滋养自我的方式。最后，**试着每天写下几件让你感激的事情**，这能帮助你以更积极的心态面对生活。

与此同时，自我约束也应该融入日常。坚持锻炼身体，比如跑步、练瑜伽或者选择其他你喜欢的运动形式，可以帮助你增强意志力。多花时间在户外，与自然接触有助于恢复精力。晚上尽量减少面对屏幕的时间，给自己足够的放松和睡眠。在饮食方面，学会拒绝垃圾食品和情绪化饮食。每天清晨可以花几分钟为一天制订一个学习或工作计划，这不仅让你更有条理，也能帮助你专注于目标。同时，试着减少对社交媒体的依赖，**给自己一段"数字排毒"**的时间，帮助自己恢复注意力和内在平静。最后，**花一点时间做自我反思**，观察自己一天中的行为和情绪变化，逐渐增加自我觉察的能力。

建立平衡而健康的自我关系，是处理好其他人际关系的基础。当我们既能温柔对待自己也能自觉约束自己时，就能更从容地面对留学生活中的种种挑战，让成长变得更加顺利和富有意义。

自爱的同时也要自律，自我约束是成长的助推器。

38

与朋友的关系：怎样在留学期间找到同道知己？

留学期间的友谊，往往显得更加珍贵。在异国他乡，听到熟悉的母语，与来自同一个文化背景的人交流，总能带来一份无可替代的温暖和安心感。而一同面对海外求学的挑战，也让留学生之间更容易共享彼此的生活感悟与成长经验。

然而，即便有这样的共同背景，真正能够敞开心扉，谈天说地，并给予彼此情绪和精神支持的知己，依然是"可遇而不可求"的存在。因此，许多留学生在咨询中提到，他们在海外深切体会到一种难以排解的孤独感。

什么是知己与同道中人？

知己或同道中人，不只是朋友，更是能够深刻理解你的人。他们与你"三观"一致，有直觉和内心层面的认同感和熟悉感。这样的朋友不仅尊重和欣赏你，也能接纳你的弱点，同时激发你的优点和进取心，成为你成长路上的伙伴。

为什么留学期间知己难求？

在留学生活中，难以找到知己的问题，往往出于以下三个主要原因：

缺乏自信：对自己没有足够信心的人，更难以在交友中展现真实的自己，从而找到能深度连接的朋友。

不善交流：不善于表达自己内心的想法，也不擅长回应别人对自己友好的表达。

缺乏自我觉知：对自身特质和天赋缺乏认知的人，可能难以吸引或发现与自己志趣相投的人。

高敏感人和共感者尤其容易在交友方面遇到困难。这些人往往因为缺乏自信、社交恐惧以及容易精神内耗而陷入自我厌恶。他们从小可能意识到自己与周围人的不同，而这种"异类感"可能使他们成为校园霸凌的目标。为了保护自己，他们习惯于戴上**"社交面具"**，或表现出与环境一致的"社会人格"。虽然这种行为能够暂时避免被周围的人区别对待，但也带来了一个严重的问题：他们**错失了展示真实自我的机会**，因而也错过了与同道中人建立深刻连接的可能性。

如何找到同道知己？

要想找到与自己深度连接的朋友，关键在于**勇敢脱下面具，展**

示真实的自我。这意味着你需要接受自己的独特性，不再试图隐藏所谓的"短板"，而是将自己的特质看作一种值得骄傲或者可以拥有的个性风格。当你敢于展示自己的真实和不完美时，真正的同道中人自然会被吸引。

与其追求迎合周围环境，不如尝试主动参与一些与你兴趣相关的活动，或加入志趣相投的小组。在这些场合，你可以更自然地展现自己的特质，找到那些真正欣赏并愿意与你共鸣的人。

友谊的深度，取决于你是否能在关系中真实地展现自己。在留学期间，能找到与你惺惺相惜的人，不仅能给你带来温暖，更会成为支持你成长的重要力量。

高山流水觅知音，伯牙自有钟子期。

39

与恋人的关系：谁在亲密关系中最容易情绪失控？

在亲密关系中，情绪失控似乎是性格或关系脆弱的表现，但实际上，它往往源于三个核心原因：**不善于表达脆弱，缺乏直面矛盾的勇气，以及忽略情绪层面的日常连接。**

如何减少情绪失控?

要避免在亲密关系中频繁情绪失控,既需要关注个体的心理与情绪健康,也需要从关系层面加强沟通与理解。以下是针对情绪失控三个成因的改善方法:

培养"勇于示弱"的能力:亲密关系需要双方敢于面对彼此,表达真实的情绪、感受和脆弱之处。这种真诚的态度让双方能够既做真实的自己,也能接受对方真实的一面。当一方能够主动表达"我需要帮助"或"我感到脆弱"时,往往能打破情绪隔阂,促进理解与支持。

放下"赢输"的执念,专注解决问题:在关系中,问题的核心不在于谁对谁错,而在于如何找到一个公平、有效的解决方案。放下争斗,用合作的态度面对矛盾,会让彼此更容易站在对方的立场上思考,避免冲突升级。

注重情感表达的真实性与即时性:在关系中忽略小事或不及时表达感受,往往会积累矛盾,最终导致情绪爆发。即使是一些微小的事情,也可以根据当下的直觉和感受进行坦诚的交流。这种即时且真实的沟通有助于加深情感的连接,避免因为误解或压抑情绪而导致更大的问题。

另外,如果在亲密关系中的一方总是容易情绪失控,那一定是**与他的关系模式和脾气秉性有关**。心理学认为,恋爱关系与一个人小时候跟父母的依恋关系有很多类似的地方,都是基于依赖、信任、安全、亲近的亲密关系。同时,这种依恋关系也会极大地受到父母的沟通交流模式与亲子之间的相处方式影响，也就是说，在亲密关系中容易情绪失控，反映出来的问题东西远比"脾气不好"多得多，那个容易失控的人大概率是从小没有被平和善待的人，或者是被严重惯坏的孩子，总之是一个在比较极端的家庭环境中长大的。

因此，在亲密关系中容易情绪失控的人，**是时候开始自我觉察和审视了**，是时候开始学习怎样以更健康的方式与伴侣共同面对矛盾和冲突了，是时候开启心理成长的加速模式了，请记住：

情绪的冲突都带有负面能量，日积月累就会令双方受伤。

40

与烦恼的关系：我们所厌恶的都存在于内在的阴影人格？

人际关系中的许多烦恼，往往源于个性差异、成长经历的不同，以及自我觉察力的差异。**个性决定于先天特质，成长经历取决于环境因素，而自我觉察力则来自后天的努力。**当我们与他人交往时，每个人都会在关系中展现这三方面的特点，而任何关系的本质，都是这些因素之间的交接与磨合。

阴影人格与我们的投射

精神分析学家卡尔·荣格指出："**那些别人身上让你感到恼火的东西，往往是你内心相同特质的投射。**"比如，当你认为自己是个充满耐心的人，就可能无法忍受别人的不耐烦。事实上，这是一种阴影投射——当你选择成为耐心的人，就会把自己的"不耐烦"压抑进"阴影人格"。这些特质虽然被压抑，但不会消失，而是通过他人的行为不断激发你的情绪反应。

认识到这一点后，我们就可以把人际矛盾、误解和摩擦视为一种了解自身、了解他人的机会。**他人是我们的一面镜子**，通过反思，我们可以发现自己的盲点，并不断完善自我。

认知维度的差异

除了阴影投射，人际关系中的烦恼还来自人与人之间认知维度的差异。人生导师马特·卡恩曾说："**无论你多么敞开心扉、充满善意地对待他人，对方只能从自己的觉知水平上与你相遇。**"换句话说，即便你渴望"被看见""被理解"，也需要接受这样一个事实：对方只能从他们目前的认知和觉察能力出发来解读你。

理解这一点后，我们可以更坦然地面对人际关系中不被理解或不被看见的烦恼。那些曾经让你感到困惑的误解、排斥或错待，其实并非完全因你而起，而是因为彼此处于不同的认知阶段。

面对人际关系的挑战

在咨询中，很多学生都会表达类似的困惑："我已经那么真诚和善意地对待他人，为什么还是被误解或排斥？"或者"为什么我很难遇到一个真正理解我的人？"这些感受往往让他们陷入社交恐惧。一方面，他们担心自己的性格不够合群，成为人群中的"靶子"；另一方面，过往的经历让他们对"能够被理解"感到怀疑。

对于这些学生，我们通常会指出：你无法改变他人的觉知水平和认知维度。无论你付出多少努力与善意，也并不意味着对方一定能看懂你的本意。觉察和成长是一个漫长的过程，每个人都需要独自经历，没有人能代替他人完成。

所以排解因人际关系带来的烦恼，关键在于接纳这样一个事实：每个人都处于独特的成长阶段。当我们理解并尊重这一点时，不仅能减少与"合不来的人"之间的冲突，也能更平和地看待自己在关系中的感受，专注于自身的成长与内心的平静，而与他人相处的智慧，正是在不断认识自己、接纳差异中得以逐渐提升的。下面的话与大家共勉：

人生是功课，烦恼皆菩提。

41

与老师的关系：国外的教授与国内的有哪些不同？

这个问题我们就拿作者最熟悉的英国留学来举例，当然，不同国家的大学教授们都会有自己与学生相处的特点。英国拥有世界一流的教育资源，其教育体系和教学文化与国内有着显著的差异。许多留学生在与英国教授接触时，会感到困惑。例如，有时发送邮件却迟迟得不到回复，或者对论文和考试成绩存有异议时，在沟通中无法获得明确的答复，这些问题往往源于中英教育文化和方式的不同。

中英教育文化的两大差异

授课方式的差异：课堂重视参与，课下要求自主学习。在国内，教学通常以老师的讲授为主，学生可以在课堂上听到教材中几乎所有的知识点，课堂笔记详尽，很少有学生主动提问。然而，在英国的课堂上，教授更倾向于引导学生**积极发言、参与讨论、表达观点**，而不是单纯地照本宣科。这种互动式教学方式对习惯于"安静课堂"的国内学生来说，是一个需要适应的挑战。

不少留学生在咨询中提到，因为课堂上不够主动，或者在小组讨论中缺乏表现，导致某些科目的成绩不理想。

此外，国内的考试内容通常围绕课堂讲授的重点知识展开，而英国的课堂仅覆盖教材中的核心内容，其余的知识点需要通过课下阅读和自主学习完成。英国的学习原则是：**每小时的课堂学习需要至少 4 小时的课后阅读和深入学习**。因此，习惯于依赖课堂教学的学生需要调整学习方法，培养更强的自律精神和自主学习能力。

沟通方式的差异：礼貌、自信，同时尊重老师的个人空间。英国教授非常注重工作与生活的平衡，通常情况下，他们不会在非办公时间回复学生邮件。此外，由于教授们每天会收到大量的邮件，尤其是涉及申请奖学金或预约会面的请求，邮件措辞的得体与否往往决定了教授是否优先回复。中式英语或者不够礼貌的语言表达，可能会让教授感到不适或产生误解。

不过，这种情况可以通过学习一些英语邮件沟通技巧轻松解决。在安排会面时，学生需要表现得**既自信又礼貌，并在会面后发送感谢邮件以示尊重**。如果连续两次发送邮件却未收到回复，也没有通过办公室电话联系上，这可能是教授含蓄表达拒绝的方式。在这种情况下，可以考虑通过其他负责部门或相关老师解决问题，而不是继续纠缠。

如何适应差异？

了解这些文化差异后，学生可以采取以下策略来适应：

积极参与课堂讨论，即使只是简单地提问，也有助于打破"安静学习"的惯性。

合理安排课后阅读时间，将课堂知识延伸到更广的领域。

学习书写正式英语邮件的技巧，措辞礼貌而得体。

尊重教授的时间安排，避免过度依赖对方的帮助。

在遇到沟通问题时，尝试寻找其他解决路径，而不是执着于单一方式。

中英教育文化的差异，并不是无法跨越的鸿沟，通过调整学习方式、提高沟通技巧以及尊重教育体系的不同，留学生能够更好地适应英国的学术环境，减少因文化差异带来的困扰，为自己的留学生活创造更多可能性。

其实不管是国内还是国外的教授，应该都喜欢这样的学生，那就是：

上课积极互动，下课自主学习；

见面礼貌招呼，邮件措辞得体。

42

与异国同学的关系： 怎样跨越文化和语言的界限？

许多留学生在咨询中提到，留学生活常常伴随着孤独感。当被问及是否尝试结交新同学时，回答通常是："没有，因为不知道怎么开口主动和异国同学说话。"英国大学以其**高度国际化**而闻名，为学生提供了许多互动的机会，但学业压力和文化差异却让不少留学生在融入过程中感到困难。

孤独的根源：文化与语言的障碍

语言是许多中国留学生面临的首要挑战。一些人因担心口语不够流利，而不愿用英语与他人交流。如果周围有其他中国留学生，他们往往更愿意"抱团行动"，用熟悉的乡音交流，从而避开与异国同学的互动。这种选择虽然提供了心理上的舒适感，却限制了他们与其他文化交融和接轨的机会。

此外，**文化的内敛性和环境因素**也影响了留学生的社交意愿。英国的天气阴冷、日照时间短，加上英国人的性格相对保守，这些都让初来乍到的留学生更加倾向于封闭自己。

跨越边界：从舒适区迈向国际化

与 CISC 合作的英国大学教授指出，长期停留在熟悉的文化圈中会让留学生错失一个国际化教学环境带来的宝贵体验。**真正的成长需要勇敢迈出舒适区，拥抱未知和多样性。**当我们尝试与异国同学建立联系，不仅能拓展文化视野，还能为留学生活注入更多的活力和可能性。

▢ 实用策略：如何结识异国同学？

以下是一些帮助留学生跨越文化和语言界限的具体方法：

参加迎新活动：入学初期的迎新活动是结交新同学的最佳时机，同时，可以了解学校为学生提供的各类资源。

在课堂互动中展现自己：无论是主动提问还是参与小组讨论，课堂上的表现会让同学们更容易了解你的个人风格，从而建立联系。

加入学生俱乐部：大学里有丰富多样的俱乐部，定期参与感兴趣的社团活动可以帮助你结识志同道合的朋友。

加入读书或兴趣小组：在课后与同学组建读书或兴趣小组，或者加入已有的学习小组，不仅能促进学术交流，还能加深友谊。

参与校园活动：音乐会、球赛和节庆活动等校园活动，是扩大交际圈的绝佳机会。

利用公共空间进行互动：在餐厅、图书馆或休息室等场所，与其他同学自然地展开交流，也有助于建立新友谊。

参加志愿服务或社区项目：参与校内或校外的志愿服务，不仅是充实生活的方式，也能认识其他有共同兴趣的同学。

留学的意义不仅在于学术进步，还在于开拓视野，融入多元文化。尽管与异国同学建立联系可能需要克服语言和文化的障碍，但这些努力值得尝试。跨越这些界限，你会发现，一个更加丰富、包容的世界正向你敞开大门，同时，你的留学生活也会因此更加充实和精彩。

求同存异做朋友，文化交融友谊浓。

43

与竞争者的关系：怎样对待"亦敌亦友"的人际关系？

在人际关系中，"亦敌亦友"（Frienemy）是一种复杂而微妙的存在。它指那些表面看似友好，却在暗地里与你较劲甚至可能伤害你的人。这种关系通常是因为竞争、攀比和嫉妒而产生的，既不是纯粹的敌人，也不是完全的朋友。在留学生活中，许多学生都会遇到这种"有毒的关系"，因此，学会识别并妥善处理这种关系尤为重要。

"亦敌亦友"关系的本质

"亦敌亦友"本质上是一种单向的竞争关系。也许你真心把对方当作朋友，但对方却将你视为竞争对手。很多留学生在咨询中谈到与朋友相处的困惑，他们发现一些所谓的"朋友"实际上是与他们暗中较劲的人。这种关系可能让人深感困惑，因为对方往往在表面上维持着和谐，但在行为上却透露出对抗的信号。

Emma 分享了她的一段困惑的经历。她的一位朋友喜欢模仿她的穿衣风格，甚至选择与她相同的课程，但却从不归还借走的书籍或衣物。当 Emma 在学业上寻求帮助时，这位朋友总是含糊其词，似乎不愿给予实际的支持。这种表面的友好和实际的冷漠让 Emma 感到困惑，最终她认识到，这是一段典型的"亦敌亦友"关系。

如何识别"亦敌亦友"的迹象？

在关系中，如果一个人总是试图贬低你的成就或忽视你的存在，你可能需要重新审视这段关系。他们或许会模仿你的风格，无论是穿衣、学习还是生活方式，但当你尝试向他们学习时，他们可能会表现出强烈的不满。这种微妙的竞争可能是通过隐秘的方式进行的，有时甚至是公开的。他们可能对你的成功无动于衷，甚至暗自感到不满，而当你分享挫折时，他们可能会流露出一种微妙的满足感。此外，他们的言辞或语气可能显得阴阳怪气，让人感到不适，却难以直接指出其问题所在。

如何应对"亦敌亦友"的关系？

学会欣赏他人的长处。欣赏别人的优点，是避免落入攀比和竞争陷阱的关键。这种积极的心态也能帮助你在关系中保持正面与平和。

设立健康的个人界限。对有毒的人际关系勇敢说"不"，学会保护自己的情绪空间。设立边界不仅是一种自我保护，也是培养独立人格的重要步骤。

开诚布公地交流。尝试以坦诚、冷静的方式与对方沟通。可以用温和的语气主动开启话题，避免误解加深。如果对方愿意回应你的真诚，这段关系或许还有调整的可能性。

学会辨别和应对"亦敌亦友"的关系是一种成长。通过冷静的观察和理性的应对，你不仅能保护自己不受伤害，还能从中收获对人际关系复杂性的深刻理解，而这种能力将帮助你更自信地面对未来的关系，使你培养出更加成熟的人际智慧。

面笑心寒付春风，暗影藏冰难共融。

呵护自我设边界，"亦敌亦友"要看清。

44

与队友的关系：怎样在团体协作中避免"坏苹果效应"？

对于留学生而言，无论是在课堂小组讨论、实习工作中，还是志愿活动团队里，团队协作能力都是不可或缺的。想要在团队中建立良好的合作关系，首先需要了解"坏苹果效应"这一潜在风险。

什么是"坏苹果效应"？

"坏苹果效应"来自 2006 年华盛顿大学的一项研究。研究发现，当一个团队中存在一位具有负面情绪或行为的成员时，这种消极倾向会迅速传染给整个团队，显著降低团队表现。这些"消极队友"可能表现为批评他人、缺乏参与意愿，或者充满抱怨和负面情绪。

研究表明：当一个团队中有"坏苹果"存在时，团队整体的表现可能下降三到四成，成员的士气也会显著降低，同时，创造力和解决问题的能力会减少一半。这是因为消极言行容易引发团队内更多的争执和不良沟通，进而削弱团队合作的效率。更令人担忧的是，修复由"坏苹果"带来的破坏，往往需要多个积极成员的持续努力。

怎样成为积极队友？

在团队协作中，确保自己是积极的一员，是避免"坏苹果效应"的关键。积极的队友能够通过主动表达观点帮助团队确立核心价值。这种态度能让其他成员感受到你的合作意愿，同时，营造出一种更加开放的团队氛围。

以身作则是另一种重要的方式。通过行动展现你的合作精神和成长心态，例如，积极承担任务、耐心倾听他人的建议，用实际表现赢得队友的信任和尊重。这种榜样作用常常能够激励团队中的其他成员，形成积极的循环。

开放的沟通是建立健康团队关系的核心。让每位成员感受到自己被倾听和重视，是避免负面情绪积累的重要方法。通过真诚而有效的沟通，团队可以更顺畅地解决问题，防止内部矛盾的扩大。

当团队中出现消极情绪时，及时应对尤为重要。留意团队成员的状态，如果发现某人表现出负面情绪，可以尝试私下与对方沟通，了解其背后的原因，并通过真诚支持的方式帮助他们调整心态。这样的处理不仅能化解潜在的冲突，也能够提升团队的整体和谐度。

"坏苹果效应"让我们认识到，一个团队的成功离不开成员的积极参与和良好协作。当每个人都努力成为积极的队友时，团队不仅能更高效地实现目标，也能为成员提供一个充满支持与成长的环境。在协作中，每个人都主动展现积极态度，认真对待彼此的意见，团队才能在困难中展现出真正的凝聚力与创造力。

团队协作不做"坏苹果"，正面开放当积极队员。

45

关于种族歧视：如何看待和应对留学中的种族歧视问题？

对于许多初次在国外生活的留学生来说，环境的变化会让人更加敏感，也更容易留意到周围人态度中的友善或冷漠。比如在英国留学，你就会感觉到：虽然英国作为教育大国，在法律和社会意识上高度重视平等与包容，但种族歧视问题仍然以不同的形式存在。从《2010年平等法》到"仇恨罪"的立法，这些措施都在努力减少

种族歧视的发生，但完全根除这一现象依然是全社会需要共同努力
的长期目标。

什么是种族歧视?

种族歧视指基于种族背景对他人产生的偏见或不公平对待。留
学生可能会经历的种族歧视形式包括语言骚扰、贬低性行为，以及
因种族特征遭受的孤立或欺凌。这些显而易见的行为往往让受害者
感到愤怒和受伤。

近年来，"种族微侵犯"（Racial Microaggression）这一概念逐
渐受到关注。这是一种较为隐晦的种族歧视形式，可能出现在日常
的言语、行为或互动中。种族微侵犯包括**微攻击、微侮辱和微狡辩**
三种形式，它们的表现方式虽然隐蔽，却会对受害者的心理造成持
续的影响。

种族微侵犯的典型表现

微攻击可能表现在小组讨论中，中国学生被刻意排除，或在社
交活动中被孤立。微侮辱则是一种隐蔽的讽刺，例如，有人对中国
学生说"你们中国学生都太安静了"，这些话可能无意间伤害到了听
者，却未被说话者意识到。微狡辩则更为复杂，当中国学生对某些
行为表示不适时，对方可能回应"你多想了"或"你太敏感了"，以
此否认或淡化自己的行为。

🔲 如何应对种族歧视？

面对种族歧视或微侵犯，**最重要的是保持冷静与自信**，同时，**明确保护自己的权利**。加拿大社会心理学家乔丹·彼得森曾说："生而为人，我们有责任用自己希望被对待的方式对待他人，同时也要捍卫自己的尊严。"这句话提醒我们，在面对不公平待遇时，不仅要坚持自己的正义感，也需要采取适当的保护和干预措施。

如果遭遇明确的种族歧视，首先要保证自己的人身安全。**种族歧视是一种仇恨犯罪**，在必要时可以留下相关证据（如拍摄照片或记录对方的言行），并向相关部门举报。在学校或社会中，更多情况下遇到的是种族微侵犯。此时，可以用诚实的反馈直面对方的行为，让他们意识到自己的不当之处。这种直接而冷静的反应不仅能够维护自己的权益，也能通过对话改善他人的态度。

留学生活是一场充满不确定性的挑战之旅，遇到种族歧视或微侵犯并不可怕，关键在于我们要以自信、公正的态度积极应对。在保护自身安全的前提下，用坚定而理性的方式表达自己的立场，是**对自己尊重的体现**，也是对种族平等的一份贡献。这样的经历虽然不尽如人意，但如处理得当，将让我们在成长过程中更加自信与成熟地面对未来的世界。

种族微侵似风寒，平等自信护尊严。

第六章

留学期间如何维系家庭关系和异地恋情

人这一辈子，自己一个人可以做很多事情：上学、创业、找工作、买车、买房、周游世界……甚至一个人独自过一生。然而**有一件事，却是自己一个人无论如何也完成不了的，那就是恋爱结婚**，组成一个家庭，然后生儿育女，白头到老。

上天为什么要这样安排呢？非要一个男人和一个女人在一起相亲相爱才能完成人类延续的重任呢？因为**人生在世，相亲相爱，是上天赐予我们最美好的人生礼物，是一种可以超越现实生活的巅峰情感体验**。人从一生下来，就与自己的父亲和母亲密不可分，所以你这辈子至少与两个人具有不可能改变的亲密关系；同时，你还会在成长中缔结和发展你自己的亲密关系。因此，亲密关系是我们每个人都不能回避的关系，如何经营好亲密关系必将成为你我最大的人生功课之一；在留学期间，维护好各种亲密关系也是留学生必须面对的挑战。

46

重新认识自我：身为家庭的一员，你到底属于谁？

身处异国他乡，也许你偶尔会在夜深人静时，被一种莫名的思绪所牵引，那是一种对自我身份和归属感深刻的反思。远离了熟悉的家乡，脱离了日常的家庭环境，你开始在陌生的土地上，重新探索自己，也重新思考自己与家庭之间的关系。

毋庸置疑，首先我们肯定是属于自己的。我们每个人都是独一无二的存在，都携带着自己的天赋使命来到这个世界，都是具有独立人格的个体。只是在留学期间，我们还要依赖家庭的经济支持和帮助，才能支付昂贵的学费和房租，逐步完成自己的学业。这是因为，我们同时也是属于家庭的。

我们每个人都是父母所生，都是在家庭里面长大的，而且与生俱来就具有父母家族的基因，与他们具有血缘关系，这是没有任何人可以反驳的。因此，我们也肩负着促进家庭兴旺的重任。中国父母又特别在乎孩子的教育，相信孩子上了好大学，留学归来便能光宗耀祖，无形中给我们增加了心理的负担。

但无论是自我的责任，还是来自家庭的期待，归根到底，我们作为一个具有社会属性的人，都是要在社会上去打拼的。这是人间的游戏规则，也是社会的丛林法则，优胜劣汰。从留学开始，我们就不得不面对社会的现实挑战，所以我们也是属于社会的。

在本书第一章的第 3 问里我们分享了一本《生命究竟对你意味着什么》的书，了解了我们都出生在地球上，并一起生活在这个星球上，我们生来就属于社会，属于人类这个大团队的一员，因此，为人类大团队做出自己的一份贡献才是我们生命的价值和人生的意义。

为什么在留学之前或留学之中，要重新认识一下自我，特别是要深刻地思考一下自己跟家庭和社会的关系呢？这是因为只有当我们跳脱出自我和家庭的局限，才能理顺跟家庭的关系，也才会有"活出自我"的勇气，因为我们明白了归根到底每个人都是属于社会、属于人类这个大家庭的。

倘若是在"社会"这个层面上去考虑如何维系家庭关系和异地恋情，你就会发现其实没有那么两难了。因为你同时也一定意识到了：父母、家人、恋人，他们每个人同样都是独立存在的个体，而且都是成年人，**都需要自己对自己负百分百的责任**。

当然，我们也会为彼此关系中的"我"负起应负的责任，但不**需要为别人的事情负责**。举个例子，你现在正在谈异地恋，那你首先要做的就是"自律自尊"不乱来，同时，你也要关爱异地的恋人，用心经营这段感情。同时，也要相信对方也是一个可以为自己负责的人，你不可能为她的学业负责，也不可能为她的一日三餐负责，只有当你们各自为自己的学习和生活负起应有的责任时，你们的关系才能健康正常地发展。

因此，在处理家庭关系这件事情上，请你记住：

为自己负起百分百的责任，但不去越界为别人承担责任。

47

重新认识父母：送你出国留学的父母究竟是怎么想的？

在留学的过程中，也许你会惊奇地发现，**自己跟父母的关系好像有些变了**，你会逐渐在学习和生活的点滴中，重新认识送你出国留学的父母，也会更清楚地了解当初决定送你出国的老爸老妈到底是怎么想的。

是的，我们每个留学生能够来到异国他乡求学，与父母的支持肯定是分不开的，除了花掉大把的票子，父母们还需要承受对孩子深深的牵挂，甚至为远在他乡的孩子提心吊胆，但他们还是义无反顾地提议或者同意孩子出国留学的决定。然而，并不是所有的留学生都能体谅和理解父母送孩子出国留学背后的深层用意，以及在留学过程中父母所付出的一切。

中国的父母，自古以来就有着"望子成龙"的殷切期望。他们希望子女能够出人头地，拥有比自己更好的未来。这种期望可能有一点"自私"，想要孩子完成自己未曾达成的心愿，但毋庸置疑，这些父母都是**想要尽自己所能，托举孩子到更高的地方**，让孩子的未来可以拥有更多的选择——这何尝不是一份深沉的爱与责任，不是一种决绝的"牺牲"呢？

但是，父母既然选择了这份托举的责任，那**他们就需要为他们的选择负责任**；而你既然选择了成为一名留学生，你就要为自己的选择负起百分百的责任。需要特别说明的是，**你并不需要为父母的"牺牲"背上沉重的负担，那是他们的选择**；你需要做的，就是为自己的学业和生活负责。换句话说，你对父母最好的回报，就是搞好自己的学习和生活，而不是老想着父母很不容易、为你留学付出很多，从而常常自怨自艾，生怕自己对不住父母的一片用心——这是没用的精神内耗，结果只会适得其反，令你的学业和生活越来越乱。

请你相信，既然父母选择了让你出国接受更好的教育，放弃了他们原本可以拥有的享受和安逸，默默承受着经济上和心理上的巨大压力，那就表明他们已经做好了成为托举你的那双臂膀的准备，即便是酸痛颤抖也不会轻易让你掉下来，因为在他们的内心，有一份坚定的信念，那就是：**自己的孩子不仅要成为更好的自己，不给社会添乱，还要报效祖国，更好地服务社会！**

面对孩子的未来，很多父母一心想着把"学习好的上交国家"，顺便光耀门楣；大都不太能接受"学习差的承欢膝下"，不到万不得已不会退出"鸡娃"的行列。这就是中国式的父母，五千年的文化传承，修身、齐家、治国、平天下，是他们最深沉的集体潜意识。

因此，重新认识送你出国留学的父母，也许你会**更加深刻地理解"爱"和"牺牲"的多重含义**，倘若你能从父母用力支撑的臂膀中吸取到"大爱的能量"，也许会有更多勤奋学习的动力，带着那份深沉的爱，勇敢地面对各种挑战，努力成为一个让他们想起来就欣慰，说起来就骄傲的人。

父母托举寄厚望，一代更比一代强。

48
简单一招：如何化解父母的担心和焦虑？

留学生活是一段充满挑战和机遇的旅程，对于远离家乡的学子来说，意味着独立、成长和探索的新开始。然而，对于父母而言，孩子远赴他乡求学，往往伴随着无尽的担心和焦虑。如何化解父母的担心和焦虑，让他们放心，也成为留学生需要面对的重要思考题。

其实，这个真不难，只需简单一招——积极沟通，便能"天涯变咫尺，你呼我应请随时"，让彼此更加放心和舒心。

沟通不积极，关系容易出问题

经常沟通是化解父母担心最直接、最有效的方式。留学生应该主动与父母保持交流（至少每周视频一次），让爸妈了解自己在异国他乡的真实生活状况。这种沟通不是报喜不报忧，而是要客观一点，包括学习上的进步或者遇到的问题，生活中的趣事或烦恼，都可以跟父母分享。没办法，儿行千里母担忧，父母就是想知道孩子学习和生活的具体细节，那就尽量满足一下他们眼巴巴的期望吧。

同时，为了表达咱们留学生对父母的关心，也要时不时在通话中主动询问一下爸妈的近况，表达一下对他们的思念和牵挂，让老爸老妈感受到孩子"越来越懂事了"，他们就会更放心和舒心了。

把父母当成你留学之旅的团队成员

从出国留学这个实操过程来讲，父母本来就已经是你留学之旅的团队成员之一，从策划、投入到项目跟踪，人家可是花费了巨大的心力、财力和努力。想想《西游记》，假如没有观音菩萨一次一次来救急，没有六丁六甲、五方揭谛、四值功曹等 39 位神仙，一直在暗中保护唐僧师徒，没有太上老君、毗蓝婆菩萨等也在他们危难时机伸出援手，唐僧师徒断不可能取经成功。而当我们在国外遇到困难时，也会第一时间想到要不要告知父母，要不要父母来帮忙，对不对？

因此，说父母是我们的观音菩萨，或者六丁六甲也不为过，他们一直在尽力为我们的留学生活保驾护航。你若能将父母视为留学征程中的团队成员，既很温馨也很智慧，因为这能让父母感受到参与其中的喜悦。这种团队的感觉不仅容易化解他们的担心，同时也让自己的留学之旅充满了家的温馨与爱的力量。

当然，你也不必担心把父母纳为留学团队成员之后，就会处处受制于父母。如果你的父母控制欲确实比较强，你完全可以制定一些简单明了的"**团队沟通规则**"。比如，每周开一次家庭视频会议，各方都可以先汇报一下自己的"工作进展"，以及需要配合的事项，然后就具体问题进行具体探讨，得出相关结论和行动方案。其实父母都明白，不能问的问题，问了也没用，能够跟孩子讨论一些留学相关的话题，他们内心已经相当满足了。

积极沟通连接父母，组成团队相互支持。

49

鱼与熊掌：学业和恋爱可以兼得且平衡发展吗？

在留学期间，同学们往往面临着多方面的挑战与选择。其中，学业与恋爱的平衡问题尤为棘手。人们常用"鱼与熊掌不可兼得"来比喻难以抉择的困境，在此我们想要探讨的是，在留学这一特殊的人生阶段，学业与恋爱的问题有没有可能平衡发展呢？

答案是：当然有可能。现实中有不少在留学期间学业和恋情双丰收的案例。那么，这到底是个什么性质的问题呢？也许有人说，这不就是时间管理的问题吗？确实，要实现学业与恋爱的平衡，关键在于时间管理和优先级设定。不过，学业与恋情的矛盾冲突绝不仅仅是"时间的分配合理与否"这么简单。

时间与平衡的变量关系

首先，我们必须认识到，留学的主要目的是学习。压力山大的学业无疑是留学生活的重心，它要求"留子"们投入大量的时间和精力，以应对作业、论文和考试。同时，爱情之花的浇灌也不能说停就停，一段健康的恋爱关系既可以减压，也可以给彼此提供情感上的支持和动力。

哈佛大学"幸福课"的教授 Tal Ben-Shahar 在谈到"平衡的幸福生活"时曾强调，幸福不仅在于瞬间的感受，更在于对生活的整体把握和平衡。虽然在日常生活中，我们很难做到每一天都完美平衡地去工作、学习、运动、休闲等，但可以通过延长"平衡的时间"，来实现更长时间内的平衡。

这种平衡不是静态的，而是动态的，它允许我们在不同的时间段内有所侧重，但总体上保持生活的和谐与稳定。例如，在工作忙碌的阶段，我们可以适当减少休闲时间，但也要确保有足够的休息和放松，以避免过度劳累；而在工作相对轻松的阶段，则可以更多地投入个人兴趣和家庭生活中，享受生活的美好。

同样地，我们在生活中也可以调整时间的变量来保持平衡，一周平衡不了就用一个月平衡，一个月平衡不了就用一个季度甚至半年来平衡。比如，一个人每周锻炼五次、每月外出休息度假一次确实难以达到，那么，是否可以每周锻炼两三次、一个季度甚至半年安排一次度假旅行呢？关键是，你的脑海里是否有"平衡"这个想法，哪怕我们是在较长的时间里尝试平衡，也能够获得足够的幸福感和满足感。

异地恋的冲突与平衡

小琪的男朋友在国外留学，刚开始男朋友还能经常跟小琪通话和视频，可随着学业的加重，通话和视频的时间越来越少，加上时差的关系，有时候好几天都不能视频通话，微信也回得越来越不及时，小琪觉得男朋友快要把她给忘了，很不开心，两个人开始吵架和冷战。时间长了，小琪执意要分手，小琪的男朋友很痛苦，于是找到 CISC 的心理咨询师进行疏导。

在心理咨询师的引导下，小琪的男朋友跟小琪进行了一次敞开心扉的交流，彼此都把自己的感受和期待说了出来，然后商定了每周通话和视频的具体时间，特别是每周末两个人要"一起"远程打一会儿游戏，或一起追一部剧；男朋友也邀请小琪在暑假期间来"探亲"，带她游览异国的风景名胜。沟通和安排妥当之后，小琪也表示更加理解了留学生压力山大的学习与生活，自己也会重新回到考研的课堂，准备复习和考研。

所以，倘若因出国留学不得不开启"异地恋"的模式，只要两个人合理安排好交流、沟通、见面、旅行的计划，相互理解彼此的感受，相互迁就彼此的时间安排，哪怕是半年甚至一年才能见面，也是可以稳定发展彼此的恋爱关系的。毕竟，此时的异地求学，也是为了将来两个人共同拥有更美好的未来。

留学期间学业与恋爱并非鱼与熊掌不可兼得，
关键是相互沟通给予更长时间的平衡与理解。

50

情在旅途：为什么有的人走着走着就分开了呢？

有人说，爱情是有保鲜期的，心理学的调研发现爱情的保鲜期在 18~30 个月，还有的心理学家认为爱情的保鲜期最多 3~6 个月，听起来似乎很刺耳，但这就是人性的特点。

因为爱情是需要激情的，而激情是需要燃烧心力和能量的，同时，激情也需要高浓度的新鲜感和刺激感，试问有谁能让自己一直像一匹被针扎着屁股的烈马般不停地奔跑呢？世界上没有新鲜事，所有事物的发展都是有周期性的，佛家说"成、住、坏、空"，爱情也不例外。

这里特别提到佛系，也是为了引出所谓的"缘分"，**既然有**

"缘起"，也就必然有"缘灭"，在恋爱分手这件事情上，真的要佛系一点，才会少受很多痛苦的折磨。

人与人之间的相遇相知，多少是有点"缘分"色彩的。留学前，两人或许因缘际会，情深意重；但远隔重洋后，内外的巨变可能就会逐步打破原有的"磁场平衡"。同时，当两人的生命轨迹因外界因素（如地理距离、文化差异）发生偏移时，情感的纽带便可能逐渐松弛。

而从更深刻的心理视角来看，留学期间遭遇分手，看起来更多是外在的变化引起了情感的疏离，但本质上，更可能是成长的不同走向和"三观"的变化引发了情感的崩塌，即"内在的连接"扛不住外在的震荡，就像混凝土里面的钢筋断了，遇到大一点的地震，房屋也就倒塌了。

因此，关于分手这件事，是最不值得执着的，因为**感情是两个人的事**，一个人无论如何都是搞不定的，除了放手，别无他法。所以情在旅途，两个人走着走着就分开了。你很难受，舍不得放手。你可以泪流，但不能回头，因为你一个人回头也没有意义。你只能做好一件事，那就是把关注的目光和所有的心思都转回到自己身上，重新选择和安排自己要走的路。

是的，**你只能改变自己，无法改变别人**，特别是在分手的节点上，你做什么都会被对方认为是错的。曾经的白月光，成了现在的剩饭粒；曾经你的缺点也是优点，现在你的优点也全是缺点。感情没有逻辑，也经不起推理。

所以，即便你是"被抛弃"或"被分手"，也不必拿"别人的错误"来惩罚自己，还是那句话，没有意义！其实很多的**分手都没有对错是非，只是"不合适"了**，就像人到了沙滩上，当然应该穿比基尼或者游泳裤了，而你穿一件精美的绣衣，自然是不适合那个场所了。

从现实当下来说，留学分手是再正常不过的事情了，或许换一个角度来看，留学不分手才是稀有。因为变化太多了，诱惑也不少，长时间分隔两地，缺乏面对面的亲密陪伴，很容易导致信任缺失和误解加深。同时，身处异国的两个人，面对不同的外在压力和文化差异，看待世界的方式和个人的价值观、人生观很可能产生变化。还有生活方式的不同也会慢慢让两个人的共同语言变少，如果不能及时找到新的契合点，隔阂就会越来越深，难以回到从前。

如何维护和改善留学异地恋

第一，永远进行有效沟通。利用即时通信工具保持频繁而真诚的交流，分享彼此的日常与感受，尽量减少误解。当然，有机会也要多创造见面的机会，哪怕半年或者一年一次，也要让彼此心中有希望，眼里有光亮。

第二，一定要共同规划未来。让彼此都在对方的未来规划里面，形成明确的长远共同目标——这个特别重要，可以消除关于未来的不确定感，减少内心的波动，让彼此的情感内核更稳定，是增强彼此连接的超级黏合剂。

第三，是给予尊重与理解：尊重对方不同的文化体验与成长，学会换位思考，理解对方的难处与变化。特别是留在国内的一方，一定要提前做好心理准备，多理解你的恋人在国外人生地不熟，需要度过一段艰难的"安营扎寨"的日子，与此同时，你的生活也多多少少会受到影响。

第四，是共同成长，让心智变得成熟起来：相互鼓励彼此追求自己的兴趣与梦想，共同阅读一些有营养的书籍，共同探讨一些有关人生和哲学的话题，共同憧憬未来的发展与梦想，共同在线参与一些心智成长的小组，比如，CISC 定期招募的线上线下的心灵成长团体小组，关注 CISC 微信公众号上的招募帖就可以报名参与。

每一次的离别，都是为了更好地相遇；

每一次的成长，都让彼此更心有灵犀。

51

真实案例：赖博士是如何找到"三观"契合的灵魂伴侣的？

在茫茫人海找寻自己的人生伴侣，是一件极其疯狂的事情，因为没有坐标，没有印记，只有内心的感觉，和有点执拗的信念。所以先提醒一下，不管你信不信，**灵魂伴侣不是一个人，而是一类人**，这样看的话能找到的概率似乎大一点儿了。

德国两性情感专家尼娜·拉里什－海德尔在《如何找到灵魂伴侣》这本书里写道：每个灵魂在被创造之时都由上帝分配了灵魂伴侣，当时机成熟时，上帝将帮助他找到那个灵魂伴侣，好让他们一起成长，结合成夫妻，踏上通往上帝的道路。因此，人们也认为，**"真正的婚姻是在天空缔结的"**。

柏拉图认为，一个完整的灵魂是由两个身体背对背结合而成，因此，每个人自从出生的那天起，就在苦苦寻求灵魂最契合的另一半，以求获得圆满的灵性。不过，灵魂伴侣大都是来陪伴你成长的，而不是来陪你在俗世追求荣华富贵的。所以也有人说，**灵魂伴侣是一种危险的关系**，会让你经历痛彻心扉的转变，目的就是来"疗愈"你。你需要经历很多困难，才能完成灵魂的修行。

了解了灵魂伴侣的寓意，你还想寻找灵魂伴侣吗？其实现在"灵魂伴侣"似乎不那么流行了，因为现实的束缚实在太多了。但不管在哪个时代，总有一些人会"宁缺毋滥"，想要苦苦寻觅到灵魂契合的伴侣。如果留学的你也想寻觅灵魂伴侣，那就不妨试试看，梦想还是要有的，万一实现了呢？

我们来看一个留学的赖博士找寻灵魂伴侣的真实案例（经赖博士本人同意分享）。

赖博士是一位留学国外的医学博士，当他决定要寻找心灵契合的终身伴侣之后，就开展了"网络相亲平台"调研，锁定了在某平台上找寻会说中文也会说英文的中国高知女生。

于是，他就用很古典的英文写了一封古色古香的征婚启事，发布在某网络征婚平台上。他的用心很明显，就是想设一个门槛，起码对方得懂古典英文，而且还得喜欢这种风格的英文。可想而知，国内外的应征者都寥寥无几。大概一个月以后，他终于收到了一位也在留学的女生的英文来信，模仿他的征婚启事做了回应，遣词用语相当考究，也散发出古色古香的韵味。

接下来，慎重起见，两个人开始了半年的邮件来往。在这半年里，赖博士觉得两个人经历了一段柏拉图之恋，经历了精神和灵魂的考验，现实中的一切都将不会阻碍他们进入现实的婚姻里面。虽然女生不是学医学专业的，而是心理学专业研究生，但触类旁通，两个人正好可以互相帮助，相互支持。赖博士常常给女生一些国际前沿性的论文信息，女生也不时给男博士发一些国内医学发展的资料（因为女生曾在国内医院工作），两个人发现无论是在精神层面，还是在学术方面都非常契合，自然是一见面就"短平快"地结婚了。

赖博士说，他们两个在现实中的家庭状况，算不上门当户对，但两个人在精神和灵魂层面相当契合，加上他们一致决定学成之后回国效力，双方的家人也都非常支持和祝福他们的这段美好姻缘。

　　这是一个由网恋开局，"柏爱"过渡，最后走进现实结婚成家的典型案例。所以说网恋也不全是不靠谱的，但确实要小心不要上当受骗。你可以像赖博士一样设置一些特殊的门槛，也可以通过探讨一些深度的话题了解对方的"三观"和内心世界。只要你足够用心，也足够小心，在网上寻找灵魂伴侣也是有可能性的。

　　寻觅灵魂伴侣既要感性也需要理性，

　　最好的爱是彼此陪伴也是灵魂相依。

52

真爱密码：为什么说"真爱"是相互成就、携手成长？

　　在寻找人生伴侣的时候，每个人都在寻找那把能打开对方心门的钥匙，我们称之为"**真爱密码**"。真爱的旅程，不仅仅是情感交融与共鸣的浪漫乐曲，更是一场深刻的心灵碰撞和成长之旅，尤其对于身处异国他乡的留学生而言，这份相互成就的力量显得尤为珍贵。

那到底什么是真爱呢？所谓真爱，就是与那个能照见你灵魂的人产生的精神情感共鸣！如果有这样的一个人出现，你就会很容易爱上他／她。举个例子，一个性格外向、活泼可爱的女孩子，对生活充满热情，对他人充满爱心，总是不遗余力地帮助别人，大家都夸她是一个好女孩。直到有一天，她遇到了一个男人，这个男人不仅读懂了她的热情和自信，跟着她一起播撒爱心；同时，他"发现"了女孩子柔弱的一面，总会在女孩子需要帮助的时候出现在她的面前，给予她温暖的支持和鼓励。你说，面对这样的男人，女孩子会不会动心呢？

这个男人就像镜子一样，照见了女孩子的内心。当女孩子发现在这个男人的身上，不仅"看到"了跟自己相同的精神、品质、信念、价值观和行为模式，而且，还从男人的眼中，看见了自己背面的弱点，形成一个全息的自己，仿佛找到了自己在这个世界上真正存在的感觉。显然，女孩子很容易爱上这个真正懂她的男人。

真爱很难，也很简单

真爱很难，因为需要两个人一起打磨和改变，让两个人都变得更好；真爱其实也很简单，只要两个人真诚地在一起，就能产生真爱。因此，真爱的前提是：两个人都要有勇气面对真实的自己，并且彼此接纳，愿意改变和成长。

是的，当爱情来临，变化就开始了。在没有谈恋爱之前，你可以掩盖自己，因为你跟别人没有那么靠近，可以披着一层保护色生存；可是在谈恋爱之后，你的一言一行，一思一想，都会被几乎零距离相处的恋人看在眼里，记在心上，你的真实性情也会渐渐暴露无遗。如果你们还想深度发展恋情，那么，两个人必须要根据对方的回应和感受开始改变自己的思想和行为，甚至性格和好恶，这个改变的过程将一直存续在你们的关系之中，直到两个人的关系终结为止。我们来看一个案例：

一位从小娇生惯养的女孩子，从出生到上大学之前，一切都由强势的父母全面包办，而且他们给女孩子存下了一辈子都花不完的钱。女孩子温柔、漂亮、学习成绩非常好，人生似乎只剩下了享受和幸福。没想到出国读大学的她，在异国的校园里遇到了一个"他"，之后，才发现自己原来是个"爱情弱智"+"生活弱智"。两个人经历了一段死去活来的爱之后，"他"以她"什么都不会做，连自我都没有"为理由，毫不留情地抛弃了她，另找了一个看上去貌似哪个方面都不如她的女生。这个娇生惯养的女孩子陡然发现，原来自己的娇贵在爱情面前一点用都没有，内心的自我价值一下子崩溃，直接抑郁了，甚至想轻生。

当目光呆滞的女孩子寒假期间回国后，来到心理咨询师的面前时是完全没有能量的状态。然而，经过几次有关自我探索的心理辅导之后，女孩子意识到自己必须改变，必须要做真正的自己，而不是父母笼罩下的自己。当她再次回到大学校园时，同学们都觉得她好似换了一个人。一年以后，她不仅有了一位非常优秀的男朋友，而且暑假期间还在外面打工挣学费，成为老板和同事眼中"最努力、最勤奋的员工"。她非常开心，觉得自己分分钟都在努力活出真正的自己。

相信你已经看到了，进入真爱中的恋人，不仅进入了一段浪漫的旅程，更是开启了一段自我探索与心灵成长之旅。一个人在爱情中最大的冒险，不是看到对方的优缺点，而是觉察到自己原来有着超乎想象的自卑、依赖、脆弱、伤感……然后勇敢地开始改变，利用爱情这个超高能量场"触发"变身，成为真正的自己。

知己不一定是真爱，而真爱一定是知己。
真爱的本质是成长，成长才能找回自己。

53

亲密关系的本质：亲密关系究竟是什么样的关系？

要想弄清楚亲密关系究竟是什么关系，那首先要搞清楚什么是"关系"。心理学认为，关系是指两个人能互相影响对方，并且互相依赖的状态。也就是说，只有两个人互相影响对方并且相互依赖时，才能认定他们之间存在关系。那么，两个人相互影响和依赖到什么程度时才能说是亲密关系呢？当然是相互影响很大，依赖很深，而且频繁互动的时候，才可以叫作亲密关系。

亲密关系有三个特点

两个人有长时间的频繁互动：也就是说，两个人相互密切关注，你唱我和，你呼我应，即使不能每天见面，微信、视频也要互通有无，闲聊不停。

两个人总是共同分享很多的事情和兴趣：也就是没事也要找事在一起，你的事就是我的事，我的事也是你的事，两个人能一起面对很多事，经历很多事。

两个人相互之间的影响力非常大：也就是彼此之间都很在意对方的意见和想法，彼此都很容易影响到对方的选择和决定。

常见的亲密关系包括夫妻的亲密关系、恋人的亲密关系、亲子的亲密关系、家人之间的亲密关系等，另外，特别要好的哥们儿、闺蜜之间的关系也可以看作宽泛的亲密关系。

每个人都生活在各种各样的人际关系中，亲密关系是其中最重要的关系，没有之一。因为亲密关系是一个人在这个世界上最明显的角色、位置和价值的体现，也是人们幸福、快乐最主要的源泉，关乎每个人存在于这个世界上的"三感三观"：安全感、归属感和价值感，以及人生观、世界观、价值观。

人类特别在意亲密关系，因为亲密关系里不仅有交换和控制、依赖和影响，而且还会有彼此的情感联结和心灵感应，有无条件的陪伴和爱，有深深的理解和无须言说的默契，甚至是灵魂伴侣的感觉。换一个鸡汤一点的说法，**亲密关系是一个最深幽的自我成长和修行的道场。**

亲密关系的本质

既然亲密关系是一种近距离的人际关系，而只要是人际关系，就一定与双方的性格秉性、行为特征、思维模式等个体特质息息相关。比如，一个人从小就跟父母亲的关系比较好，依恋的需求得到了满足，那么，在他长大成人后，人际关系就会相对轻松、融洽。从这个意义上来讲，所有的人际关系都具有相似性，当然亲密关系也不例外，也因此，心理学认为**"亲密关系的本质是自我关系"。**

更进一步来看，一个人的人际关系，无论是父子关系、母女关系、亲子关系、朋友关系还是同事关系，本质上都是**"自己跟自己的关系"。**不是有这样一句流行的话吗："亲爱的，在你的外面没有别人，只有你自己。"**所有你眼中的外在世界，都是你内心世界的投射显现而已。**

虽然你留学海外，但周围的人际关系，包括亲密关系，也都与你自己内心跟自己的关系息息相关，特别是恋情，更是与你从小跟父母的依恋关系和相处模式密切相关。了解了这些心理学知识，相信不管你以后遇到什么关系方面的困惑，都会先从自己身上找原因了。因为关系是两个人的，可是你很难改变别人，只能改变自己。

而你会发现，当改变自己之后，对方也会随之改变，因为关系的双方一定是相互改变、相互转化的，彼此的影响力都很大，否则就不是亲密关系。

亲密关系的本质是跟自我的关系，
搞明白自己才能搞清楚亲密关系。

54

测测你的爱情观：你的心智处于爱情观的哪个层级？

首先声明一下，所有的心理测试结果都只能作为参考，不能作为绝对的诊断依据。那为什么无论是临床心理治疗还是普通的心理调研，都会使用到心理测评或心理量表呢？这是因为心理测评还是可以提供一定的参考信息的。心理学认为，**你的一言一行，无不反映出你内在的心理状态**，何况是专业的测评问卷和专业的人士解读，多少都会表露出你当下的身心状态。

此处的**爱情观层次测试**，是带有趣味性的自我心理探索，其目的主要是为了了解自我、探索自我、成长自我。你不必有任何的顾虑，只需要根据你的直觉想法，快速在每一道题目里选择一个相对最符合你的答案（切记 10 道题都是单选题）：

第 1 题：你认为谈恋爱的目的是什么？

A. 最终找到一个情投意合的人，步入婚姻的殿堂

B. 过甜蜜的两人世界，不受外界的打扰

C. 为了生理需求，传宗接代

D. 两个人在一起更好玩，目的不明确

第 2 题：你择偶的标准是什么？

A. 外貌好，有气质，看着养眼

B. 能干，有事业心，有前途

C. 心地善良，为人正直，好相处

D. 只要爱我，其他一切都无所谓

第 3 题：你期望通过哪种方式认识你的恋人？

A. 从小就在一起，两小无猜

B. 偶然艳遇，激情浪漫

C. 在相处中日久生情

D. 通过相亲或经人介绍

第 4 题：你感觉什么方式最能让爱情长存？

A. 一切为对方着想，完全奉献

B．共同进步，一起成长

C．不断创造激情，营造浪漫

D．没办法，爱情是无法保鲜的

第 5 题：你觉得从恋爱到婚姻需要多长时间？

A．趁热打铁，越快越好，可以闪婚

B．根据感情发展的趋势决定

C．起码一两年吧，相互了解多一些

D．如果两情相悦，只要对方提出求婚，就同意

第 6 题：你会用什么方法摸透恋人的心思？

A．如果有必要，不惜请私家侦探

B．平时注意观察，主动交流

C．通过朋友打听恋人从小到大的经历

D．爱情这种事，当然要相信自己的直觉

第 7 题：因父母阻挠，爱情出现了波折，你会怎么解决？

A．积极协商，说服父母，表达彼此相爱的决心

B．非常矛盾，纠结痛苦，不知道该怎么办

C．必须听从父母意见，就此分手

D．也许父母有道理，先冷静冷静再说

第 8 题：如果对方移情别恋，提出分手，你会怎么办？

A．动之以情，晓之以理，百般挽留

B．把对方的变心当成罪恶，到处宣扬

C．潇洒地转身，理智地放手

D．咨询朋友或婚恋专家，希望得到援助

第 9 题：你发现恋人欺骗了自己，会怎么办？

A．后悔自己没看清对方的真面目

B．一定要想办法狠狠地报复

C．选择分手，吸取经验教训

D．感到自己很失败，难以自拔

第 10 题：你发现恋人身上暴露出很多问题，会怎么办？

A．用合适的方法提醒对方

B．不知所措，说也不是，不说也不是

C．怀疑恋人不合适，重新物色恋人

D．这个世界谁也无法改变谁，听之任之

答案请见本书附录部分，更多与留学生的学业、生活、人格特质、职业发展相关的心理测试请关注 CISC 微信公众号，在"心理测评"栏目中寻找你感兴趣的心理测试进行测评。

别把心理测评太当回事儿，也别把心理测评太不当回事儿。

第七章

留学遇到突发危机，
是自救还是寻求帮助

留学是一场精彩绝伦的冒险，但也是一段充满挑战的旅程。当压力和困惑降临时，每一个留学生都可能面临突如其来的危机：也许是心理情绪的失控，也许是急性健康问题的困扰，又或是对人生方向的迷茫无措。无论这些危机看似多么不同，其背后却都有一个共同的根源——**独自面对陌生环境的孤独与不安，以及应对变化时的无助与脆弱。**

　　在危机面前，人们往往感到自己的世界崩塌了。焦虑和失眠像无形的枷锁禁锢着思想，孤独感和隔绝感如潮水般袭来，吞噬掉原有的自信与热情。有些人试图孤军奋战，拼命压抑情绪，靠意志力硬撑；也有人终于鼓起勇气寻求帮助，希望在专业的支持中找到破解之路。但不论选择何种方式，**每一次危机都昭示着一个深刻的转折点：我们必须重新认识自己，学会如何对待内心的抽搐，如何走向真正的成长与成熟。**

　　危机袭来，是自救还是寻求帮助？ 答案并不绝对，更重要的是如何找到平衡，如何为自己争取喘息与重生的空间，把危机的挑战转化为一次突破自我的契机，也许是我们每个留学生都必须面临的综合性压轴题。

55

压力与精神内耗：为什么留学必须学会抗压和抗挫？

留学无疑是一项重大的人生风险投资，担负着家人的期望，感受到父母的付出，很多学生会在感恩的同时夹杂着内疚和焦虑。他们害怕自己的学业无法达到预期，进而让家长失望。这种无形的压力常常演变为**精神内耗**，影响身心健康和学业，甚至引发更深层次的情绪和心理问题。

精神内耗的行为模式

容易陷入精神内耗的学生，往往表现出一些共性。他们经常**自我怀疑、自我否定，甚至自我厌弃**。过度严于律己的完美主义倾向，让他们频繁感到内疚。与此同时，他们缺乏表达内心想法和情绪的能力，与他人沟通困难，又加剧了内在的孤立感。此外，他们在身体、情绪和精神三个层面缺乏自我关爱，导致压力持续积累。

这种精神内耗并非异常现象，而是面对多重内外压力时的一种**正常反应**。但要走出这种状态，需要通过自我觉知、自我探索和自我成长来培养**心理韧性**。

心理韧性的核心特征

根据科巴萨的人格理论，心理韧性是帮助我们抵御压力和挫折的关键能力。心理韧性强的人在面对同样的压力时，更能保持平衡，减少精神内耗。他们通常具备三大人格特征：投入力、控制力和挑战力。这些特质让他们在压力面前更加坚定，并积极寻求解决方案。

调节压力与提升心理韧性的方法

在无法避免压力的情况下，如何有效调节压力并提升心理韧性？关键在于调整自己的思维方式和生活习惯。

首先，学会转变对问题的看法。心理学研究表明，大多数人感受到的压力源自主观的内心，而非外界的客观压力。尽管现实中有许多无法掌控的事情，但我们可以控制自己的思维方式。改变对问题的看法，可以显著减轻心理负担，让压力不再主导我们的情绪。

其次，尝试向内寻找改变的可能性。日常生活中培养积极的思维和情绪是应对压力的重要手段。研究表明，人每天的想法中消极的占比远高于积极的，这些负面思维会不断累积并困扰心情。因此，可以通过呼吸练习、瑜伽、自我催眠、静心冥想，甚至是亲近大自然等方式，帮助自己重拾平静与正能量。

最后，为身心健康留出固定的时间。在压力下，人往往容易忽视自我关爱的重要性。但正是在这样的时刻，更需要定期为身心

"充电"。压力会导致身心能量的透支，而持续的透支最终可能引发健康和情绪的失控。因此，每天花些时间觉察身体和情绪的微妙变化，及时调整自己的状态，是应对压力的核心策略。

精神内耗并非异常，不必刻意避免瞎想；

心理韧性抗挫抗压，一点一点内心变强。

56

情感危机事件：如何换一个角度看待分手的情绪涌动？

恋情的破裂往往是一段艰难的经历，尤其对于初次经历分手的留学生而言，更可能引发情绪和行为上的危机。在情感的动荡中，如何重新审视自己的情绪反应并学会从中成长，是一个至关重要的课题。

Jimmy 在与前女友分手后，感到无比痛苦。他尝试通过各种方式与前女友复合，却接连遭到拒绝。最终，在一次冲动的行为中，他酒后闯入前女友的公寓，与对方发生激烈冲突并被报警处理。虽然事情并未导致严重后果，但 Jimmy 的情绪因此陷入低谷，他连续几天失眠、闭门不出，根本无心应对学业。

在咨询中，Jimmy 坦言自己被复杂的情绪折磨，包括惶恐、内疚、愤怒和焦虑。他无法摆脱对前女友的依恋，甚至不断给自己和对方找理由，幻想两人可能重归于好。当被提醒这种行为可能再次导致冲突时，他也意识到了问题的严重性，但表示无法控制自己的冲动，常常做出让自己后悔的决定。

情绪波动的生物学原因

热恋中的人因为体内"快乐激素"的分泌，会感到精神振奋、心情愉悦。而分手后，这些激素水平骤降，身体和情绪需要时间适应这种波动。这种现象解释了为什么许多人在分手后会经历强烈的情绪反应，甚至表现出难以抑制的冲动行为。

好消息是，这种激素波动现象通常只会持续数月。Jimmy 慢慢认识到，这段时间的情绪起伏并非自己的过错，而是身体在经历自然的调整过程。理解了这一点之后，Jimmy 对自己的行为多了一分宽容，也减少了自责的情绪。

从恋情挫败中寻求成长

在咨询中，Jimmy 开始尝试一些日常的自我关爱练习，如深呼吸和筋膜拉伸，以缓解情绪和心理压力。同时，他被引导重新看待自己的"恋情挫败"，不再将分手视为纯粹的失败，而是一种成长的契机。恋情的破裂可能让人重新审视自己在关系中的角色、需求和成长空间。

Jimmy 逐渐意识到，将重心从挽回关系转向关注自我，是迈出困境的重要一步。在心理咨询师的引导下，他学会通过阅读、运动和与朋友的积极互动，逐步重建自己的生活和信心。

分手后的情绪涌动并不可怕，它们是身体和心理的自然反应。通过了解这些机制，我们可以更有耐心地面对自己，逐步走出情感的低谷。恋情关系的结束，虽然令人痛苦，但也为我们提供了一次重新认识自己、关爱自己的机会。学会善待自己，把重心放在个人成长上，是从感情危机中走向成熟的关键。留学生活中的每一次感情考验，都能让我们更坚强、更智慧。

心碎不舍不是你的错，分手后重新认识自我。

57

急性健康问题： 怎样在留学期间照顾好自己疲惫的身心？

留学生活不仅有学业压力上的考验，也是对身心健康的重大挑战。当压力过大时，**身体往往会发出信号**，提醒我们需要调整生活方式，学会自我关爱。Jessica 的故事便是一个典型的例子。

Jessica 在留学初期因环境和学业压力过大，在开学六个月后出现了急性荨麻疹，昼夜不止的瘙痒让她失眠严重，进而引发了一系列心理问题。白天她感到抑郁消沉，晚上焦躁不安，最终陷入身心俱疲的状态，甚至开始怀疑自己能否顺利完成学业。虽然在学校诊所接受了荨麻疹的治疗，但她的失眠问题依然未能解决，伴随的焦虑和抑郁情绪也使她身心疲惫，无法集中精力学习。

身心健康的紧密联系

无论是急性荨麻疹，还是其他身体健康问题，大多与长期的压力状态有关。当身体健康受到影响时，心理层面往往也会出现合并问题。这种"恶性循环"使得身体和情绪问题交替加重，影响了 Jessica 的学习和生活。面对类似情况，留学生需要更加关注自己的身心状态，学会通过有效的方式调整压力，保持健康。

自我关爱的实践

在咨询中，Jessica 被建议尝试一系列的日常自我关爱练习，以缓解压力、改善情绪，并恢复身体健康。从呼吸到饮食，从运动到睡眠，每一个细节都可以成为照顾自己的重要方式。

深呼吸练习是一个简单而有效的起点。在压力状态下，人们的呼吸往往变得短促而浅层，而深呼吸能够显著增加氧气摄入，帮助身体恢复能量，同时改善情绪状态。通过每天进行两次 2：4 节奏或 4：8 节奏的深呼吸练习，Jessica 逐渐感受到身心的放松和压力的减轻。

除了呼吸，适当的运动也被推荐为调整情绪的重要手段。研究表明，中等强度有氧运动，如跑步、骑自行车或游泳，不仅能够增强身体健康，还能促进大脑健康，提振情绪。

同时，抗炎饮食方式也被提倡，包括增加新鲜果蔬的摄入，避免热量高的和精加工的食物，这种饮食能够有效减轻身体炎症，改善大脑功能和情绪状态。

在睡眠方面，Jessica 被建议建立规律的昼夜节律，包括固定的作息时间、减少夜间的屏幕使用，以及避免睡前饮用咖啡或进行剧烈运动。这些小习惯的调整逐步帮助她改善了睡眠质量，并使她恢复了部分精力。

身心健康是留学生顺利完成学业的重要基石。Jessica 的经历提醒我们，身体疲惫并非偶然，而是日常生活方式的反映。**通过调整呼吸、饮食、运动和睡眠，从日常生活入手，切实照顾好自己的身心状态，才能走得更远更稳。**

身体不会欺骗你，它比你自己更爱你；
当你开始爱自己，心身就会融为一体。

58

抑郁情绪危机：为什么要关注自己内心真正的需求？

抑郁症在留学生中发生率居高不下，很多抑郁症的留学生并非因为能力不足，而是因为忽视了内心深处的需求和渴望，逐渐失去了与自己内在世界的连接。

忽视内心需求的后果

过度关注外在的成就，而忽略内心真实需求，会让一个人的内心世界变得荒芜。当人生的轨迹与内心渴望背道而驰时，快乐感逐渐流失，生命变得苍白无力。这种深层的矛盾冲突容易引发抑郁症和无价值感，甚至产生厌世和绝望的念头。

抑郁症带来的痛苦不仅是心理上的，它更是一种人生危机。很多人因为忽略内心的声音，逐渐丧失了对生命的兴趣。然而，当一个人能够聆听自己内心的答案，回归到与天性一致的人生方向上做真正的自己时，那种冰冷与无望才会逐渐被融化。

如何关注内心的需求?

心理情绪危机往往是一种**来自内心的求助信号**,提醒我们:停下来,重新审视自己的内在世界。在面对这样的危机时,最重要的是不要听之任之,而应积极寻求帮助。通过心理援助、人生教练,甚至简单的静心与反思练习,都可以逐渐找到内心深处呼唤的声音。

例如,可以通过每天安静片刻,问自己三个问题:"**我是谁?**""**我真正渴望什么?**""**我需要怎样的生活?**"这些看似简单的问题,却能为内心指明方向,帮助我们辨别什么是真正让自己感到充实的道路。

当我们学会聆听内心,尊重自己的独特性,并积极调整人生方向时,抑郁的阴影便会逐渐被驱散。人生的意义不仅仅在于完成任务和达成成就,更在于**找到真正的自己,活出真实的自我**。正如每一片树叶都有它独特的形状,每个人的内心也有自己独特的声音。

所以如果有一天你深感忧郁,陷于精神的深渊不能自拔,请记住:是时候重新做回真正的自己了,是时候聆听内心的呼唤了,是时候矫正自己的人生方向了。

抑郁是内心求救的信号,提醒你必须开始"做自己"。

<u>59</u>

更换专业: 在梦想和面包之间如何重新选择?

Rachel 是英国 G5 大学的电子工程专业学生,这个专业是学校的"金牌专业",就业前景广阔。然而,原本品学兼优的 Rachel 却在入学后不久陷入了严重的心理危机。她的抑郁、焦虑和失眠问题迫使她申请期中考试延期,并开始接受心理辅导。

面临两难选择的困惑

经学校老师推荐,Rachel 参与了 CISC 提供的心理辅导。在咨询中,Rachel 坦言:"我不喜欢我选的这个专业!"她解释说,从小到大,她的人生路径几乎完全按照家长和老师的规划制定。学业成绩优异的她,一直在赞誉声中成长,她自己内心也一直认为自己过得"成功"。然而,开始独立的留学生活后,她第一次有机会反思自己的人生,才意识到自己的兴趣其实与目前的专业毫无关系。

Rachel 的内心一直渴望学习教育学和心理学,但为了迎合家长的期望和就业的需求,她选择了电子工程。现在,她不得不面对一个艰难的决定:**继续留在这个不喜欢却光鲜的专业中,还是鼓起勇气追随自己的热爱,冒着延迟毕业甚至让家长失望的风险换**

专业？

面包与梦想之间的抉择

Rachel 的困境反映了许多留学生在专业选择上的共同难题：**究竟是选择"面包"还是"梦想"？** 短择和长择是两种典型的选择方式。短择指优先考虑就业前景较好的专业，先建立经济基础，再在未来追求内心的理想。长择则是直接选择自己真正喜欢的专业，尽管可能面临就业和经济上的挑战。

每个人的心里都有一个答案，而且答案是因人而异的。在咨询中，不少学生在领悟了这两种选择所代表的不同人生之路以后，会感到心理压力减少了一些，也会**更坦然地做出那个更适合自己的选择**。Rachel 感到她需要做出长择，也就是更换专业，因为她的内心已经在召唤她投入自己真正热爱的专业中去。在咨询中她也意识到，本就品学兼优的她，转到自己喜爱的专业，也同样会表现优异，未来一样可期。

更换专业需要思考的关键点

更换专业需要从以下几个角度进行深思：

拥抱自身的独特性。每个人都有独特的天赋和兴趣，人生的意义在于接纳这些特质，而非抗拒它们。只有尊重自己的独特之处，才能找到真正适合自己的方向。

避免内心的持续内耗。拒绝内心的呼唤只会导致持久的负面情绪，感到"人生在别处"。这种内耗会削弱人生的动力，让人更容易陷入抑郁和无助。

无论选择什么，成功并非绝对。人生没有保证，无论选择喜欢的还是不喜欢的事情，都有可能面临失败。那么，为何不选择一条能让自己感到热爱和充实的道路呢？

从长远来看，专业的选择不仅仅是职业的选择，更是人生方式的选择。Rachel 最终决定更换专业，因为她意识到，只有在发自内心地热爱的领域，她才能发挥最大的潜力，找到真正的快乐和满足。那么，假如是你遇到这样的问题，你会怎么选择呢？

聆听内心的声音，活出真实的自己。

60

日程冲突问题： 一位校园社交达人竟有这样的烦恼？

Alice 是一位学业优异且社交广泛的研究生，因她的友善、温和和乐于助人而受到众多朋友的喜爱，成为校园里的"社交达人"。然而，这种充满热情的社交生活，却在备考期间让她陷入了时间与精力的双重困境。

每天清晨，Alice 计划去图书馆学习时，总能在微信上收到来自朋友群的各种信息：同校同学邀请她一起学习或喝咖啡，校外朋友希望她组织假期活动，而情绪低落的朋友则频繁向她倾诉心事。这些讯息让她的时间被"细碎化"，学业进度不断受挫。尤其是每当她帮助朋友解决问题后，自己却感到身心疲惫，仿佛能量被抽空，而对方则显得轻松愉悦。

Alice 的情绪困境揭示了高敏感人和共感者的典型特质：**他们擅长倾听、乐于助人，但容易吸收他人的情绪，造成身心能量的透支。**因为过于关注他人的需求，他们常常忽略了自己的感受和界限。在 Alice 的经历中，朋友的请求使她无暇顾及备考的需要，也未能给予自己足够的空间进行情绪调节。

"找回自我"的关键方法

重新找回自我的关键在于三点：**给予自己足够的空间、重视压力管理、设立明确的个人边界。**这些方法不仅能帮助高敏感人恢复能量，还能改善与他人的互动方式。

给自己足够的空间。我们需要重新审视自己的日程安排，明确划分学习、休息和社交的时间。比如，可以规定每天学习结束后，不再参与"聆听"或"帮助"相关的活动，留出专属于自己的静心时间。

重视日常压力管理。日常的自我关爱可以帮助你缓解情绪压力，恢复身心平衡。深呼吸练习、瑜伽、静心冥想或户外散步等方式，都是有效的调节手段。此外，写感恩日记或沉浸于音乐与艺术活动中，也能提升情绪状态。

建立明确的个人边界。高敏感人和共感者往往因界限模糊而感到被压榨，因此，学会设立健康的界限至关重要。我们需要学会坦然地向朋友表达自己的需求和限制。比如，每周仅安排有限次数的"聆听者"角色；在学业和帮助他人之间发生冲突时，优先选择自己的任务；以及在他人"越界"时，及时而平静地表明自己的态度。

学会说"不"：高敏感人的必修课

学会说"不"是高敏感人和共感者的重要成长课题。在这一课里，我们可以尝试学会：

平静而真诚地表达自己的边界。用温和而自信的态度说明当前的情况与限制，让朋友理解自己的需求，而非压抑或隐忍。

允许错误的发生。边界的建立是一个逐步学习的过程，既要允许自己偶尔犯错，也要接受朋友可能的情绪反应。

重新评估朋友圈。如果某些朋友对边界表现出不满或愤怒，我们需要考虑这些关系是否值得维护。健康的人际关系应是彼此尊重，而非单方面的消耗。

高敏感人和共感者的独特天赋，往往也伴随着独特的挑战。学会设立清晰的边界，优先照顾自己的需求，是迈向身心健康的重要一步。Alice 的经历提醒我们，过度关注他人可能让自己迷失，而平衡社交与个人空间，才是维持长久幸福与高效生活的关键。

关爱他人，更要关爱自己；

乐于助人，也要边界清晰。

61

人际交往危机：你非常在意别人对你的态度吗？

Isabella 是一名艺术专业的内向型共感者，有段时间常常参与画展和文化交流活动。在这些场合中，她希望能找到志同道合的好友，但现实却让她倍感失望。每当她真诚地表达自己时，对方却似乎无法完全理解，而她的独特观点在讨论中也常显得"格格不入"，这让她逐渐失去了参与的热情。

内向型共感者的独特挑战

Isabella 所面临的问题——"找不到同频共振的人"，在内向型共感者中很常见。研究表明，人口中约 30%～50% 是内向型，15%～30% 是高敏感者，而共感者的比例仅为 1%～2%。这意味着，即便有机会结识 200 个人，内向型共感者中真正与自己产生深度共鸣的，可能只有 1 到 2 人。这样的低比例，让共感者在人际交往中常常感到孤独无助。这也是为什么作为 CISC 希望成为"留子们的心灵家园"的原因——这里一定有能理解和欣赏你的人。

通过咨询,我们帮助 Isabella 认识到,她的困惑并不是因为她"做错了什么"。人生导师马特·卡恩曾说过:"**无论你如何敞开心扉,充满爱与和善地与他人交往,人们只能在他们的觉知层面与你相遇。**"换句话说,一个人对自己的觉知有多深,决定了他们对他人的领悟能力。而对自己缺乏深入了解的人,自然无法完全理解共感者深层次的表达。

自我内化与心理内耗

在与他人的互动中,Isabella 常常因对方的不理解而将这些反馈"内化"为自我批判,认为自己是"异类"。这种想法进一步激活了她的自我防御意识,让她更加难以表达真实的自己。**她的困境不仅是人际关系的问题,更是心理内耗的表现。**

走出精神内耗的三种方法

我们可以从以下几个方面调整自己的认知和行为,减少心理内耗,找到与人交往的平衡点。

理解他人的局限性。是否能够以爱与理解对待他人,取决于一个人的内在觉知和成长水平,而这些是每个人独立的旅程。在 Isabella 的案例中,我们需要认识到,对方的反应并不完全是对她的否定,而是他们自身局限性的反映。

接纳不被领悟的可能性。即使她表达了最真挚和善意的情感，也不意味着他人一定能完全领悟。这不仅与对方的天性有关，也与他们当下的人生状态息息相关。接纳这种"沟通的不完美"，是一种对现实的包容。

聚焦于自我成长：每个人都有自己的天性、觉知和人生旅程。我们的任务不是改变他人，而是将注意力放在自身的成长上。自我成长的任务只能自己完成，别人不能帮你完成，同样，你也无法代替他人去经历。

Isabella 的经历提醒我们，在人际交往中，不被完全理解是常态，而非例外。当我们面对不被理解的困惑时，重要的是不要将这些外部反应内化为对自己的否定。正如林则徐所言：

"海纳百川，有容乃大。"

62

孤独感危机：为什么归属感和社会支持系统非常重要？

留学生 Evelyn 在就读研究生期间，因为严重的孤独感和抑郁情绪，被诊断为抑郁症，并经学校老师推荐参与 CISC 的心理辅导。她提到，初到异国的半年适应期，因语言和文化障碍以及性格内向，她感到与同学沟通困难，逐渐陷入前所未有的孤独与隔绝感之中。即使简单的日常活动，如购买日用品或出门上课，也变得难以完成。英伦漫长的冬季和持续的阴雨天气更是让她心情低落，直到因频繁缺勤被老师注意，才开始寻求专业帮助。

孤独感与抑郁症的恶性循环

孤独感是抑郁症的常见表现之一，它使人进入一种**身心防御状态**。抑郁症患者常伴有强烈的**内疚感**和**自我羞耻感**，认为自己不值得拥有朋友，也无法融入任何社交群体。这种隔绝感进一步强化了他们的负面情绪，使他们与社会联系渐行渐远。

建立社会联系是摆脱孤独感和抑郁情绪的关键。研究表明，参与社交活动和社区团体，不仅可以减少抑郁和焦虑的风险，还能显著增强幸福感。例如，澳大利亚昆士兰大学的研究发现，社团活动对于管理轻中度抑郁症非常有效。2023 年《自然》医学期刊的研究则显示，在疫情期间，社会支持能将抑郁症的发生概率降低 55%。

因此，对抑郁症患者而言，**找到一个让自己感到有归属感的社区或团体至关重要。**无论是兴趣小组、健身班、读书会，还是志愿者活动，这些都能为患者提供心理健康的"保护性关联"。它们不仅能改善情绪，还能帮助患者逐渐恢复对生活的信心。

重建社会联系的方法

Evelyn 也在咨询中获得了一些具体建议，帮助她逐步加强社会连接：

尝试表达感激。与他人互动时，主动表达感激之情可以增加正向情感，同时帮助建立深厚的情感纽带。

重新联系亲友。即便远在异国，也可以通过视频或电话与家人、朋友保持联系，感受到来自故乡的支持。

参与社区活动。通过加入志愿者项目或社区活动，不仅能融入新的环境，还能找到归属感。

亲近自然中的团体活动。比如参加徒步旅行、园艺俱乐部等，让人与自然的连接成为情绪疗愈的一部分。

加入兴趣小组。选择符合个人兴趣的活动，如读书会、艺术班等，通过共同兴趣结识新朋友。

学习和成长团体。参与生命成长类课程，与志同道合的人分享成长体验。

常去户外活动。阳光、空气和自然的氛围能显著改善情绪，减少孤独感。

孤独感不仅是情绪危机，更是对社会交往的渴求。通过积极加强与他人的联系，我们可以逐渐从自我隔离中走出，找到属于自己的社会支持系统。每一份归属感，都是来自外界的安全信号，让心灵不再漂泊。面对孤独时，请记住你并不孤单，世界总有地方容纳你的温暖，与你分享一句话：

每一座孤岛，都被海水紧紧拥抱；

每一棵树木，都是大自然的细胞。

63

自我攻击危机： 怎样回归身心，重建稳固的人生基础？

前来咨询的留学生，常常在咨询中分享对于自己人生的迷茫感和危机感，仿佛看不到人生的意义，同时，对自身的存在充满失望和内疚。简而言之，出现心理问题的留学生普遍对于自身缺乏积极看法。无论他们所经历的是哪一种心理健康问题，或者情绪困扰，一个常见现象是，他们的人生笼罩在一种对于自身充满深深敌意的气氛之中。

这种对于自身的敌意在心理学上有多个名词，可以是**自我厌恶、自我仇恨或自我愧疚**。需要注意的是，这种对于自身缺乏善意的态度，是几乎所有性格问题、心理问题、行为问题的根源所在。

自我敌意与人生危机

如果一个人无法接纳自己，那么，其人生中的每一段经历都会被用来攻击自身。这种建立在自我敌意基础上的人生，就像"沙滩上的城堡"，一触即溃。不少留学生在遭遇人生危机时，才意识到**这种敌意感使他们陷入了精神内耗、自我冲突和难以自拔的痛苦情绪**。因此，如果不改变这种根深蒂固的自我敌意感，人生的充实与快乐只能是海市蜃楼。

心理咨询中发现，这种危机感既可能源于内在的情绪问题，也可能源于外在的学业压力、感情问题和人际关系挑战。然而，这些表面的难题往往都指向一个更深层的问题：从小到大，**他们从未学会用善意去看待自己，导致了自我接纳的缺失与内心的长期冲突**。

自我厌恶的成因相当复杂，可能包括原生家庭童年创伤、被霸凌经历、长期压力，以及不健康的人际关系等，其中**复杂性心理创伤应激障碍**（C-PTSD）是最常见的原因之一。这种障碍会导致一个人缺乏自信、情绪消极、动力缺失，甚至产生厌世心理。

重建人生稳固基础的方法

面对这种深刻的危机，我们可以通过以下几种躯体疗法练习，帮助自己从身体出发，重新建立积极的自我意识，学会接纳自己，并培养更为正向的人生态度：

感受呼吸与身体的连接。闭上眼睛，感受呼吸如何在身体中流动。微微挪动手脚，注意气息如何流经每一处，感受脚与地面的接触。

体验温度变化：用冷水洗手，感受水流触碰手指的每一部分。
1~2分钟后切换为温水，观察水温变化是否会带来不同的感知。

留心步伐的节奏：户外散步时，关注周围环境的变化，如季节
的气息。调整步伐速度，体会每一步如何改变你的感受。

与自然建立连接：在周末找一家公园，坐在树下，闭目深呼
吸，或进行简单的静心练习。让自己沉浸在与大自然的连接中，感
受到安宁与支持。

这些稳固人生根基的简单方法其实都是在告诉你：回到你自己
的内心，让身心与大自然连接在一起，因为我们的人生就是不断地
感受，不断地呼吸。人生的每一次危机，都是一次重新建立稳固基
础的机会，通过培养自我关爱和自我接纳，我们可以将敌意转化为
善意，将迷茫转化为坚定。

从内心重建稳固的自我，人生才能充实与自由。

第八章

心灵的导航——留学求助怎样才不迷路

留学生活是一场充满未知的冒险，既有激动人心的探索，也伴随着不可避免的挑战。当我们站在异国的土地上，面对陌生的语言、文化和生活节奏时，可能会感到迷茫甚至无助。这种心理状态并不可怕，关键在于你如何拨开迷雾，**发现那盏为自己照亮前路的心灵明灯**。

心理健康问题不仅仅是留学生要面对的困境，也是所有的青少年都会面临的成长烦恼，而学会寻求帮助，尽快走出困境，也已经成为我们成长路上的必修课。

在这一章中，我们将一同探索心理求助的多种方式，帮助你建立一个**专属的"心灵导航系统"**，告诉你如何判断自己是否需要心理支持，学校和线上资源能否为你提供帮助，面对突如其来的危机事件该如何行动……

相信手握这本《**当代留学心理 81 问**》的小册子，你的内心一定会多一分启程远航的笃定和力量，有困扰、烦恼、心理问题，寻求专业的帮助不是软弱的表现，而是智慧的选择，因为心理学告诉我们：每个人都需要心灵的成长，每个人也都需要心理支持。

64

如果感到迷茫：如何判断是否需要寻求心理援助？

留学生活的开端，往往伴随着兴奋与期待。然而，当新鲜感褪去，孤独感、学业压力和文化差异的冲击将会不期而至。你或许会在某个疲惫的夜晚问自己："为什么我会有这样忧郁的情绪？我需要帮助吗？""为什么我感到如此独孤，我需要找人聊聊吗？"这些问题的涌现，可能正是迈向心理成长的起点。

迷茫的情绪并不罕见。一位名叫 Sophia 的留学生曾经这样描述自己的感受：刚到英国时，她热切地投入学习和生活之中，每天都充满了新奇和动力。然而几个月后，她发现自己不再愿意主动联系朋友，对平时热爱的写作也提不起劲儿。"每晚我都告诉自己，明天会好一点，但结果却是失眠和无休止的自我质疑。"Sophia 回忆道。这种持续的情绪低落，甚至让她一度对出国留学的决定产生了怀疑。

迷茫本身并不可怕，可怕的是忽视那些隐藏的信号。如果你发现自己的情绪波动开始影响到学习效率、人际交往，甚至是日常生活，那么，就要警惕起来，因为这些可能就是心理健康问题的早期征兆。持续的疲惫感、不明原因的心悸、对未来的过度担忧，或者长期陷入"我是不是不够好"的自我怀疑，这些都不应该被轻易忽略。

　　Sophia 最终鼓起勇气，向大学的心理咨询服务中心寻求帮助。心理咨询师耐心地倾听她的困惑，并告诉她，留学期间的文化冲击和孤独感是非常普遍的现象。"**寻求心理援助并不是因为你有问题，而是因为你关心自己的心理健康。**"心理咨询师的话让 Sophia 放下了心中的负担。通过几次咨询，她学会了辨别哪些情绪是暂时的适应困难，哪些可能需要更多的关注和支持。

　　判断是否需要心理援助，可以从以下几个方面思考：最近两周，你是否经常感到情绪低落或无助？这些感受是否影响到你的学习、生活甚至与朋友的互动？当你试图独自调整时，这种状态是否依然难以缓解？如果答案是"是"，那么，心理援助或许是值得尝试的方向。

　　寻求心理帮助是一种积极的自我关怀，而非软弱的表现。有些人可能担心被贴上"脆弱"的标签，或者觉得心理咨询是为那些"有严重问题"的人准备的。但事实上，心理健康服务早已成为现代留学生生活的重要组成部分，而且心理咨询主要就是面向健康人群的心理支持，因此，你完全不必担心自己想要寻求心理帮助是不是"有病"，恰恰相反，当你开始寻求心理援助时，也给自己开启了一扇通往心灵成长的大门。

　　对留学生而言，**好消息是**：几乎所有的大学都提供免费的心理支持，你只需预约就能获得专业的帮助；**坏消息是**：不是所有的大学都有可以用中文沟通的心理老师，而且预约往往需要等待较长的时间才能被安排见面。

因此，CISC 可以作为留学生心理援助的一个补充选择，当你需要的时候，可以通过邮件、微信、B 站、小红书等方式联系工作人员。

迷茫、痛苦都是带刺的礼物，

探索、成长都是人生的功课。

65

大学心理辅导： 如何通过学校获取免费的心理辅导？

大学不仅是一个学习的地方，也是一个能够提供及时支持与帮助的温暖港湾。当学业压力、情感困扰或文化差异让你感到无所适从时，学校的心理辅导服务就是值得依赖的资源之一。然而，许多学生对这些服务知之甚少，甚至心存疑虑。那么，学校心理辅导到底是什么？它如何为你的留学生活带来帮助？

学校心理辅导的本质是什么？

学校心理辅导是一种面向学生的心理健康支持服务，一般由专业的心理咨询师或辅导员提供，旨在帮助学生应对学业、生活和情感等方面的挑战。这些服务通常以免费的形式提供，且针对性强，能够根据学生的具体需求制定个性化的支持方案。服务内容一般包括：

一对一心理咨询。 你可以与心理咨询师进行深入的对话交流，探讨内心的困惑，寻找解决问题的方法。

团体辅导。 你可以加入有共同经历的学生成长团体，在支持性环境中分享经验，获得启发。

心理健康工作坊。 你可以到工作坊学习如何应对焦虑、建立自信等实用的心理调节技巧。

如何找到学校的心理辅导服务？

学校的心理辅导服务通常设在以下部门：**学生支持中心、心理健康与咨询服务部门或国际学生办公室。** 你可以通过学校官网的搜索功能输入"Counselling"或"Mental Health Support"，快速找到相关信息。预约方式多种多样，包括在线填写表格、拨打电话联系或直接邮件咨询。一些学校还设有"Walk-in"服务，无须预约即可进入，适合需要紧急帮助的学生。

心理辅导会是怎样的体验？

初次咨询可能让人感到有点紧张，但其实它更像是一场轻松的对话。第一次见面时，心理咨询师首先会倾听你的困惑，了解你遇到的问题和需求。接下来，你们会共同制定目标，比如，缓解学业焦虑或改善人际关系。每一次咨询都以你的舒适度为中心，咨询师会通过提问和心理练习，帮助你探索问题的根源。经过几次会谈后，你们可以评估效果，并决定是否需要进一步提供长期支持。

📋 顾虑与误区：你需要担心什么吗？

"心理咨询会影响我的学术记录吗？"答案是：不会。心理辅导是完全保密的，学校不会将你的咨询记录与学术档案挂钩。

"我的问题不够严重，是否适合咨询？"心理辅导的门槛很低，不仅适合解决"大问题"，同样适合希望探索自我、缓解压力的学生。

"语言是障碍怎么办？"大多数学校的心理辅导以英语为主，一些学校能提供中文服务。你可以提前咨询是否有母语服务。如果你所在的学校没有中文心理辅导，那你可以寻求 CISC 的中文心理援助。

心理咨询是心灵的交流，会让你感到久违的轻松。

66

在线安全港： 如何找到可靠的线上心理支持资源?

留学生活总是充满未知，当孤独、焦虑或压力突然袭来，身边却没有可以倾诉的朋友时，没关系，**在线心理支持资源可以充当你的"心灵安全港"**。无论是深夜时分的情绪低谷，还是课业压力的间隙，一个可靠的线上支持平台可以为你提供及时的陪伴与帮助，那么，如何去寻找真正值得信赖的在线资源呢?

📋 学校推荐的心理支持平台

很多大学都为学生精心挑选了线上心理支持服务，这些资源通常经过**严格验证**，既方便又可靠。你可以从学校官网上的心理健康支持页面找到相关信息。例如，一些大学与平台合作提供"24/7"心理支持服务的 Togetherall 或 SilverCloud，这些平台既有匿名交流社区，也有自我管理的在线课程和专业指导功能。对于有更多个性化需求的学生，有些学校甚至开发了**专属心理健康应用软件**，帮助学生完成情绪跟踪、放松训练，并直接预约心理咨询。

这些服务通常都是免费的，作为留学生，我们不妨优先利用这些资源来探索适合自己的心理支持方式。

如何挑选国际化心理支持平台

如果大学的心理服务无法满足你的需求，或者你希望寻求更长期的支持，可以尝试国际化心理支持平台，如 BetterHelp 和 Talkspace。这些平台虽然收费，但提供的个性化服务质量较高。同时，在线平台的选择也伴随着信息过载的挑战，以下几个关键标准可以帮助你筛选更可靠的资源：

确认专业资质。选择平台时，务必确保提供服务的是专业心理咨询师或受认可的机构。正规平台通常会在官网上列明认证信息，仔细查看这些内容，可以帮助你判断服务的可信度。

隐私保护政策。心理支持的隐私性至关重要，特别是涉及敏感个人信息时。在选择平台前，花几分钟仔细阅读隐私政策，确认你的信息不会被泄露或滥用。

查看用户评价。通过查阅其他用户的反馈，你可以更直观地了解平台的实际效果和服务质量。用户评价往往是判断资源可靠性的一个重要参考。

谨防线上支持中的陷阱

尽管线上资源为心理健康支持提供了极大的便利，但也存在一些潜在风险，比如，过于依赖线上支持可能会让你忽视更具亲和力、更有效的面对面辅导。特别是当你的心理困扰较为复杂或长期存在时，线上平台可能难以提供足够的深度支持。此时，尽早转向专业的线下面对面心理咨询，能让你的问题得到更深入和全面的解决。

此外，有些平台可能在试用期后自动收取高额费用，因此，要确保在注册前了解清楚收费政策，避免陷入意外的经济负担。

线上心灵安全港，随时随地来帮忙。

67

危机时刻指南：如何"借力"应对突发的心理危机？

留学生活充满未知与挑战，当心理危机不期而至时，可能会让人感到无助与慌乱。一次失败的考试、突然的孤独感，或是无法入睡的夜晚，都可能触发强烈的情绪波动。在这些时刻，一定要及时"借力"，找到合适的支持方法，将危机化为成长的契机。

什么是心理危机？

心理危机并不是罕见的现象，它通常源于压力事件，导致情绪和心理状态的突然失衡。比如：

情绪失控，如突然感到极度的焦虑、愤怒或无助；

生理反应，如心跳加快、胸闷、出汗，甚至恐慌发作；

思维停滞，如感觉大脑一片空白，无法解决眼前的问题；

负面想法增加，如对生活的信心骤然下降，甚至对未来失去希望。

这些反应都是心理危机的典型表现，它们提醒我们，需要立即关注自己的心理健康，最好是寻求专业的心理援助支持。

危机出现时，如何稳定情绪？

心理危机出现时最重要的是快速找到内心的稳定感，而这往往需要一些具体的方法：

第一步，停下来，平复紧张的情绪。 深呼吸是一个简单但非常有效的工具。**试试"4-4-6呼吸法"：** 用鼻子吸气4秒，屏住呼吸4秒，再缓慢呼气6秒。重复几次，你会发现心跳变得更平稳，焦虑感逐渐减弱。如果身体仍然感到紧绷，可以试着闭上眼睛，从头到脚扫描身体的每个部位，将注意力放在释放紧张感上。

第二步，向外寻求可靠的支持。 遭遇心理危机你不必独自面对。在这个时候，身边的人和专业机构都可以成为你的坚实后盾。你还可以打电话给亲密的朋友或家人，倾诉自己的感受——虽然他们未必能马上解决问题，但他们的安慰和理解能让你感到被支持和接纳。

如果你身处校园，拨打学校的心理支持热线是一种快捷的方式。许多大学提供的"24/7"心理支持服务，可以帮助你缓解当下的情绪，并为你提供专业指导。我们还可以联系校外机构，比如，英国的Samaritans，这个组织提供全年无休的免费心理支持（电话：116 123 ）。

第三步，将情绪转化为行动。当情绪稍有缓解后，尝试将注意力转移到一些具体的小任务上，比如，记录下自己的感受。这种"情绪写作"不仅有助于理清头绪，还能将内心的压力释放出来。或者从一件简单的小事做起，如整理桌面、准备一杯热茶，借助这些微小的行动，逐步恢复对生活的掌控感。

在危机中走出低谷

Anna 留学的第一年并不顺利。一门关键课程的考试失利让她陷入了自我否定，她甚至对能否完成学业产生了怀疑。一个深夜，她终于拨通了学校心理支持热线。在那次对话中，心理辅导员耐心倾听了她的困扰，并帮助她制订了短期的应对计划。第三天，她按照建议联系了心理咨询师，开始了多次面对面的心理咨询。几周后，Anna 逐渐重拾自信，并最终顺利通过了补考。她感慨地说："危机让我感到脆弱，但支持让我学会了勇敢面对。"

心理危机没那么可怕，借力打怪烦恼也会升华。

68

亲朋好友是资源：如何从朋友和家人处获取情感支持？

首先，请你一定要记住，即便身处异国他乡，家人和朋友依然可以是你最可靠的情感支柱。学会向亲密的人寻求支持，不仅能够帮助你缓解压力，**还能让彼此的关系更加紧密**。关键在于如何有效地沟通，让自己的情感需求得到理解和回应。

家人和朋友的支持是无条件的

亲朋好友的支持不仅是一种简单的陪伴，更是一种深层的情感联结。家人和朋友熟悉你的背景和价值观，他们能更容易理解你面对的困惑和挣扎。此外，**无论你身处何地，他们提供的支持往往是无条件的**，一次温暖的倾听、一句鼓励的话语，都可以成为你心理上的安全港湾，帮助你释放负面情绪，使你获得安慰和力量。

与家人建立有效的情感联结

与家人的联系是维护与亲人间情感的重要方式，尽管时差和生活节奏的不同可能增加了难度，但主动沟通总能弥补距离的鸿沟。

定期的视频通话是一个很好的起点。固定一个双方都方便的时间，分享你的日常生活和感受，即使只是聊聊学习和天气，也能让家人感受到被需要。与此同时，**坦诚表达自己的情绪也尤为重要，不要总是一味报喜不报忧**。试着告诉他们你正在经历的压力或困难，这种坦诚能够让家人更好地理解你的处境。

当然，有时候家人并不能完全理解你的困惑，比如，文化冲击或独立生活带来的挑战。面对这些分歧，不妨**用具体事例来帮助他们理解**。例如，可以告诉他们："在这里，我需要自己处理租房、水电和签证的问题，有时候会觉得压力很大。"同时，**尽量避免争执**。如果家人的建议与你的感受不一致，可以表示感谢并耐心解释，而不是急于反驳。

从朋友中获取情感支持

留学期间，可能会认识许多新朋友，**但并不是每个人都适合深度分享**，可以选择那些值得信赖、真正关心你的人作为情感支持的对象，试着去坦诚表达自己的感受，例如："最近压力有点大，我想和你聊聊。"大多数情况下，朋友会愿意倾听你的困惑。即使他们无法提供专业的建议，陪伴和理解本身就是一种温暖的疗愈。

同时，**建立双向的支持关系也很关键**。情感支持是相互的，通过倾听和关心朋友的处境，你们的关系会更加深厚。这不仅让你在表达情感需求时更加自然，也能让彼此的友谊更加稳固。例如，主动询问对方的情况："最近你的课程怎么样？需要帮忙吗？"或者与对方一起吃饭、学习或者运动，这些简单的互动都能增进你们的情感联结。

如何平衡外力与独立

尽管亲朋好友是重要的情感资源，但我们也**需要避免过度依赖**。他们的支持无法完全替代你的独立思考和成长。因此，在寻求帮助的同时，也要尝试解决自己的问题。另外，尊重对方的界限同样重要。当朋友或家人无法即时回应你的需求时，不要将其解读为冷漠或拒绝。理解并尊重他们也是建立健康关系的基础。

情感支持源于心理联结，沟通互动关系更加深厚。

69

心灵的"痒痒挠"：如何找到内心成长的自助工具？

困惑与挑战总是如影随形。除了外界的帮助，你还可以借助一种**"挠痒神器"**。它有点像观音菩萨玉净瓶上的如意，也有点像猪八戒手上的缩小版的钉耙，总之，它是一套独特的自助工具，可以伸缩自如地帮助你在困境中找到触及痛点的区域，给予你安抚，帮助你化解压力，而且安全又方便，轻松又便宜。

为什么自助工具如此重要？

留学生活中，朋友和家人可能因时差或距离的原因而无法随时陪伴，心理咨询师的帮助也需要预约或等待。这时，能挠"情绪"痒痒的"如意和钉耙"们就成了自助工具。它们不仅能**迅速帮助你缓解情绪**，让你的焦虑和低落情绪得以释放；还能**增强你的内在力量**，培养你独立解决问题的能力；更重要的是，**它们能将心理健康融入日常**，帮助你逐步形成长期韧性。

找到属于自己的"挠痒神器"

其实，找到适合自己的工具并非难事，可以从简单的尝试开始。

比如，**冥想和正念练习**是很多人的首选。每天花上 10 分钟，闭上眼睛，专注于自己的呼吸，感受当下的每一刻。正念练习强调将注意力拉回到此时此地，让你不再纠结于过去或担忧未来。初学者可以借助如 Headspace 或 Calm App 以及 CISC 微信公众号里面的中文静心冥想练习，用引导式的音频带领自己进入放松的状态。这样的练习能迅速缓解压力，让内心平静下来。

写作和情绪记录是另一个简单而深刻的自助工具。当你感到迷茫或有压力时，不妨拿起笔，写下当天的情绪变化和触发原因。这不仅能帮助你梳理思绪，还能让你发现隐藏的情绪模式。例如，Thomas 曾分享，他通过每天的记录发现自己总是在面对紧张的学术任务时感到孤独，于是他调整了学习方式，尝试在图书馆与同学一起学习，从而缓解了这些情绪。

心理健康应用软件也为我们提供了极大的便利。例如，Moodnotes 可以帮助你追踪情绪变化，并根据记录提供个性化建议。Reflectly 则以问答形式引导你记录日记，帮助你以全新的视角看待问题。对于那些在学术压力下感到焦虑的学生，Clarity 提供了认知行为疗法的练习，可以有效缓解焦虑。

避开追求完美的陷阱和使用误区

在使用自助工具时，许多人容易陷入追求完美的陷阱。要知道，自助工具并不是万能药，它的作用在于提供缓解和改善当下的情绪和心境，而不是彻底解决所有问题。还有，要尽量避免频繁更换自助方法，这样容易陷入患得患失之中。与其不断尝试新工具，不如专注于一两种有效的方式，长期坚持下去，才能真正体会到它们的益处。

"挠痒神器"方便易得，常常使用身心轻松。

70

心理支持方式：你需要心理咨询师还是心智成长教练？

当你在留学生活中面临心理困扰或渴望个人成长时，**心理咨询辅导和心智成长教练常常是两个可行、有效的选择**。这两种心理支持的方式都是对话交流，但也有相当大的区别。那么，它们的区别是什么？如何判断哪种方式更适合你的需求？明确两者的作用和适用场景，可以帮助你做出更明智的选择，从而更快地解决问题或实现目标。

心理咨询与心智教练的区别

心理咨询的重点是**修复与疗愈**。心理咨询师更倾向于根据之前发生的问题，开展心理咨询的工作，关注点主要是过去的心理问题和心理创伤，通过引导来访者改变认知、自我成长、缓解心理压力和情绪困扰，修复、疗愈过去的心理创伤。而心智教练重点关注的是当下和未来，通过引导、整合和激活当事人的内在资源，设定需要达成的目标，并找出更合适的行动策略，以更加积极的心态去达成目标，完成任务。

心理咨询和心智教练都有一对一的深度交流，也都是要解决问题，引导成长。但是，**心理咨询师的关注焦点和工作方向是在过去，而心智教练的关注焦点和工作方向是在当下和未来，是为了积极行动，改变状态，达成目标**。因此，你需要根据自己的需求，来选择适合你的心理老师或心智教练。

如何判断自己需要哪种支持方式

首先，**你需要改善或者解决的问题是什么？** 如果你感到焦虑、抑郁，或情绪状态长期低迷，心理咨询或许是更合适的选择。而如果你是遇到了学业的困境，情感的挫折，棘手的挑战，或是对未来感到迷茫，或者希望提升自己的行动力或某种技能，心智成长教练可以给予你更好的助力。

其次，你需要想一下，你的**目标是解决过去的困扰，还是规划未来的行动？** 心理咨询通常更注重剖析过去的经历，通过解决根源问题带来内心的平静。相比之下，教练则专注于当下的行动和未来的计划，比如，帮助你在短时间内完成重要的学术任务，或者为毕业后的职业发展制定方向。

还有，你需要感受一下当下的**情绪状态和个人目标是否相互关联**。如果你的情绪状态影响了实现目标的能力，比如，因焦虑而难以专注于学习，可以考虑将心理咨询作为第一步，再通过心智教练进一步推进个人成长和达成目标。

▣ 心理咨询与教练服务可以结合使用吗

答案是肯定的。这两种支持方式并非相互排斥，反而可以融合使用，特别是 CISC 的资深老师，多数都同时具有心理咨询师和心智教练的资质和实战经验，可以根据留学生的需要随时"切换"支持的角色，给予恰当的梳理、支持和激励。这种双管齐下的心理援助，尤其适合那些既需要心理支持，又希望加速成长的人群。

心理咨询回溯过往，转变认知，疗愈创伤；

心智教练面向未来，激励行动，达成目标。

71

CISC 就在身边：海外留学生心理支持中心怎么帮到你？

如果你是即将留学，或者已经在留学的学生，**中国海外留学生心理支持中心（CISC）**，或许能为你带来一份温暖与支持。作为非营利性组织，CISC 自 2019 年成立以来，已经与超过数十所的英国高校建立合作，累计为数百名中国留学生提供了免费的心理辅导和个人成长支持。

CISC 能为你提供哪些支持

一对一心理辅导或教练支持。在 CISC，你可以预约到专业的心理咨询服务和心智教练支持，由熟悉中国文化背景的国际认证咨询师和心智教练提供服务。这些辅导是**安全和保密的**，同时也是公益免费的。你可以没有拘束地谈论内心的困惑、学业的困境和挑战，与咨询师或教练一起探索内心的世界，找到适合的应对方式和成长方向。

心理成长团体小组和心理健康工作坊。除了个性化的一对一心理辅导和教练支持，CISC 还定期举办形式多样的线上和线下心理成长团体小组和心理健康工作坊。在这些活动中，你可以学到许多实用的技巧，同时结识有相似经历的新朋友。如果你需要加入这些线上、线下的成长小组或者工作坊，**请按照 CISC 微信公众号上的招募帖进行报名和参与。**

同时，CISC 还有每周定期的在线交流活动，由 CISC 的专家团队进行主题探讨、提问答疑和在线互动，你可以根据自己的需要参加活动并提问，寻求及时的帮助和支持。还有，如果你对未来感到迷茫，对就业和职业选择感到无措，CISC 还会提供**学业与职业规划**的支持，让你在专业和人生方向上找到更清晰的道路。

为什么选择 CISC

CISC 的特别之处在于，它不仅是一个非营利的心理支持中心，更是一个充满文化理解与贴心关怀的社区。

专业与可信。团队由获得多项国际认证的心理咨询师和心智成长教练组成，提供值得信赖的服务。

文化的桥梁。作为专门面向中国留学生提供心理支持的非营利机构，CISC 深刻理解在跨文化环境中的心理需求，让你感受到被理解的安心。

贴心且经济。CISC 绝大部分服务都是免费的，少部分因长期需求或产生实际费用的收费项目也远低于市场平均费用水平。

如何与 CISC 建立联系

通过大学转介。CISC 已经与多所英国高校建立合作，你可以通过学校的心理服务中心或国际学生办公室找到相关资源。

直接联系。访问 CISC 的官网（www.ciscic.org.uk），或通过 CISC 微信公众号，获取更多心理自助资源、服务预约和心理健康测评等讯息。

需要说明的是：CISC 并不能为你解决所有问题，而是和你一起探索和交流寻求改善和解决的路径。在这里，你的挑战和成长都会被理解和守护，你成长的足迹都会印刻在你的心底。

从"心"出发与你同行，CISC 就在你身边！

72

心灵工具箱: 实用的心理健康应用与平台有哪些?

心理健康支持需要各种"助人工具",这些助人工具汇集在一起,就形成了一个简便实用的工具箱,里面装满了适合不同场景和需求的"心理装备",便于你随时使用。每一种工具都可以独立使用,也可以组合起来形成具有合力的支持架构。

工具的多样性: 一份全面的"装备清单"

在心理健康管理中,不同的工具适用于不同的需求。以下是一些常见的类型:

情绪管理类工具: 如 Headspace 和 Calm,通过冥想和正念练习帮助你缓解焦虑、专注当下;情绪追踪应用如 Moodnotes 和 Reflectly,记录你的情绪起伏,帮助你更清晰地认识自己。

危机干预类资源: 如英国的 24 小时心理热线 Samaritans,或者学校推荐的在线支持平台 Togetherall,能在关键时刻提供及时的帮助。

成长与学习类工具: 如 Coursera 提供的心理学课程,以及认知行为疗法(CBT)工具 Sanvello,帮助你通过系统学习提升心理韧性。

社交支持类资源：包括线上同伴支持社区和校园活动组织，为你提供更多与人连接的机会。

当然，必须隆重推荐的是几个日新月异的 AI 中文回答类资源，比如，2025 年新春超火的 DeepSeek、腾讯元宝、百度 Ai 等，心理类的答疑解惑都挺好用的，也有一定的专业深度，值得一试。

情境应用案例：组合使用这些工具

应对学业压力。当学业繁重导致焦虑时，可以尝试"冥想 + 情绪记录 + CBT（认知行为疗法）练习"的组合：每天早晨使用 Calm 进行 10 分钟冥想，帮助自己集中注意力；在学习中使用 Moodnotes 记录情绪，识别触发焦虑的因素；如果压力持续加剧，可以使用 Sanvello 提供的 CBT 技巧，调整对学业挑战的看法。

应对社交孤独与文化冲击。文化差异带来的孤独感，可以通过"社区支持 + 心理课程 + 线上咨询"的方式缓解：加入 CISC 在线成长小组或者在线互动交流活动，参加 Togetherall 的匿名社区，与其他留学生分享经验；学习 Coursera 的"跨文化心理学"（如 Cultural Psychology）课程，理解和应对文化冲击；如果孤独感严重，预约学校的心理咨询服务，与专业人士深入探讨。

应对突发心理危机。当你感到情绪崩溃时，试试"危机热线 + 正念呼吸 + 情感支持"：比如，第一时间拨打 Samaritans 免费热线，与专业人员交流；使用 Calm 的正念呼吸练习，帮助自己缓解紧张感；联系一位值得信赖的朋友，倾诉你的情绪并获得支持。

打造适合自己的"心灵工具箱"

从免费资源开始。优先尝试学校推荐的支持平台和公共服务热线，既经济又可靠。

逐步组合使用。从一个工具开始，感受其效果，然后根据需求逐渐增加新的工具。例如，先从情绪记录入手，再加入正念练习或危机干预资源。

定期评估和优化。每隔一段时间，反思工具的使用效果。如果某些工具效果不显著，可以尝试替换或调整使用方式，确保你的工具箱始终高效运作。

巧用心灵工具箱，随机应变心不慌。

第九章

留学归来面临的心理挑战如何应对

当飞机降落在熟悉的土地上，耳边环绕着久违的母语，归国的第一瞬间总是令人感慨万千。你可能满怀期待，也可能摩拳擦掌，憧憬着未来的工作、事业和生活。然而，这一场看似温暖的归途，却可能隐藏着意想不到的冰窟暗洞。

过去的几年里，你可能已经习惯了国外的生活节奏，学会了独立解决问题，也逐渐适应了跨文化交流中的孤独与刺激。但是，当回到国内开启新的梦想征程时，你会发现无论是外在的还是内在的一切都发生了匪夷所思的变化。那些熟悉的人和事，如今看起来却有几分陌生；曾经期待的职业发展，似乎也没有想象中那么顺利。这种**"归国后的不适应"**并不稀奇——**它是逆向文化冲击的一部分**，也是心灵成长的一次全新考验。

那这些归国后的挑战意味着什么呢？它不仅是一次心理上的考验，更是为自己重新定义生活方式、目标，以及重塑价值观、人生观的机会。如何调适心态，平衡成就感与失落感？如何用过去的经历滋养未来的成长？如何在这个"归零"的时刻开启更多的可能性？这些都决定了你能否将归国后的路走得更加从容而有意义。

在这一章中，我们将试图一起探索这些难题的答案，帮助你在归国后突破"心挑战"，拥抱新旅程。**因为，归途不是终点，恰是另一段精彩旅程的起点。**

73

故地重游，心生疏离： 如何适应归国后的逆向文化冲击?

"回来感觉怎么样?"几乎每一位归国留学生都被问过这个问题。表面上看，回国是一场熟悉的回归，可当真正踏上故土时，却可能感受到一种难以言说的疏离感。这种感受，被称为"逆向文化冲击"(Reverse Culture Shock)。故地重游，环境看似熟悉，内心的感受却迥然不同。

"熟悉的陌生感"是逆向文化冲击的核心体验。Jen 在英国留学三年后回到广州，第一顿家宴上，她满怀热情地分享留学的点滴，却发现亲戚们更关心"带了什么礼物回来"或"打算找什么工作"。"那一刻，我突然感觉自己和这里有了距离感，"她坦言，"既熟悉又陌生。"

人际关系、生活方式和心理归属感的变化是逆向文化冲击的主要表现。朋友的话题似乎与自己无关，曾经亲密的家人也无法完全理解留学带来的成长。而生活节奏的不同，更让许多归国者感到茫然。例如，你可能已经习惯了国外直率的沟通方式，但回国后，却发现彼此间交流更多讲究隐晦与含蓄。这种"文化错位"会让人产生短暂的迷茫与无助感。

逆向文化冲击并非偶然，它源于心理上的落差与身份的转变。在国外的几年里，许多人经历了快速的个人成长，而家乡的种种观念与习俗却似乎停留在原地。这种成长的不同步让人觉得自己变得"不完全属于这里"。与此同时，归国前美好的期待与实际的适应过程形成反差，也会进一步加剧这种不适感。

如何有效应对逆向文化冲击

回国后的疏离感其实是一份成长的礼物，它证明你在海外已经蜕变成了更开阔的自己。你可以慢慢去适应这种"熟悉的陌生"的感觉，也可以试试把不同的文化融合成独特的生活方式。

首先，不必全盘否定和抛弃在国外养成的一些习惯。喜欢喝着咖啡学习的可以去星巴克写 PPT，习惯当面提建议和意见的不妨试着把自己的想法直接说出来，对方接不接受那是他的事情。当然你也可以用你在国外练的不同审美来帮忙优化一些方案，用跨文化沟通经验反观自己与亲朋好友的矛盾等。

其次，要给家人多一点理解你的时间。当家人问你"留学到底学了啥"时，别急着甩专业术语，试着用家乡菜打比方："就像学做西餐后发现，原来咱家红烧肉的火候控制也是门学问"。和朋友聊天卡壳时，可以自嘲："我现在说话像综艺里的双语字幕组，得反应三秒"。幽默感能化解 90% 的尴尬，剩下的 10% 交给时间。

还有就是也可以换一个角度探索家乡的副本。因为现在国内几乎每年都在发生巨大变化，那些你以为熟悉的地方没准儿已经开启了"新剧情"。经历过多元文化的冲击和洗礼，再回来看我们自己的风景名胜和地方特色，没准儿你会有更多的感慨和唏嘘，毕竟中华文化博大精深，滋养着我们的过去、现在和未来，值得细细品味，慢慢咀嚼。

请你相信，人生没有白走的路。你在 711 便利店纠结买饭团还是包子的每个清晨，在与人讨论时下意识先说"Sorry"又改口"那个……"的瞬间，都在悄悄培养一种多元化的融合能力，就像水一样适应不同的容器，却始终保有属于自己的质地。这种能力，终将成为你未来闯荡世界的秘密武器。

逆向文化冲击不可怕，勇敢地探索、适应和接纳。

74

从留学生到"海归"：怎么调适心理的"水土不服"？

Lynn 带着满心期待结束了四年的留学生活，回到国内，梦想着展开一段全新的旅程。然而才刚开始几周，她却产生了强烈的不适感：和朋友聚会时，发现他们聊的话题自己插不上嘴；家人满心期待地询问她"海归生活如何",却没法理解她的挣扎。这种"水土不服"的感觉,让她意识到,回国并不像她想象的那样简单。

这种"归国后的水土不服"其实并不少见。许多归国留学生都会经历一段"调整期"。回国后,我们常常感到人与人之间的距离变得更远了:老朋友的兴趣似乎和自己不再契合,曾经熟悉的环境也变得陌生,甚至连日常的生活节奏都让人感到一种难以言说的不适感。

Lynn 回忆说,有一次,家人兴致勃勃地帮她安排了一场亲戚聚会,但整场饭局中,她分享的留学见闻却屡屡被打断,话题很快转向了房价和婚姻问题。"我好像变成了一个局外人,"她苦笑着说,"既不属于那里,也不属于这里。"

为何会出现这样的心理落差呢?因为"海归"在国外留学多年,生活方式、价值观甚至思维习惯都已经潜移默化地发生了改变;而回到家乡,却发现身边的一切似乎格格不入,这种变化会让人产生疏离和失落感。

除此之外,心理期待的落差也会加剧这种"水土不服"。留学归国前,许多人对回家充满了美好的幻想,但现实中的种种挑战却让这些期望逐渐破灭。加上从"留学生"到"海归"的身份转变,我们需要重新定义自己的角色,这无疑又是一个心理挑战。

如何逐步适应这种"水土不服"

首先,要接纳自己的情绪。回国后的不适感是一种正常的心理

反应。允许自己感到困惑和失落，是适应新阶段的第一步。面对内心的挣扎，不妨试着告诉自己："这是我成长的一部分，我正在努力调整。"

其次，**主动寻找新的生活连接点。**用"新移民"的心态重新探索家乡，可以帮助你更快地找到归属感。Lynn 后来尝试着去发现家乡更多的美好。例如，她去品尝了新开的咖啡馆，参加感兴趣的展览，甚至加入了一些归国留学生的社群，与有类似经历的人交流。这些小改变让她逐渐找回了生活的节奏。

与此同时，平衡"过去"和"现在"也尤为重要。回国后，我们可能会感到被夹在两个世界之间，这时候，延续一些留学时的习惯和兴趣可以成为内心的"安全锚点"。比如，保持规律的健身计划，继续阅读外文书籍，或者与国外的朋友保持联系，这些都能让你在融入新环境时感到更踏实。

最后，试着用开放的态度面对周围的人和事。虽然家人和朋友未必完全理解你的经历，但通过倾听与包容，可以拉近彼此的距离。正如 Lynn 所说："他们或许不了解我在国外的成长经历，但我可以试着去分享，让他们认识一个更完整的我。"

归国后有些"水土不服"，重新定义自己的角色和归属。

75

曾经的熟悉有些模糊：怎样应对归国后的孤独与陌生感？

推开家门，家人朋友的笑脸，或许会让你以为终于回到了"熟悉的地方"。然而，不久，一种难以言喻的孤独感悄然袭来：与朋友聊天时感到格格不入，走在熟悉的街道上却发现自己仿佛是局外人。这种既熟悉又陌生的心境，是许多归国留学生都会经历的**"归属感迷失"**。

孤独与陌生感并非偶然，而是内外环境变化的自然反映。曾经的朋友圈似乎变得陌生，你的留学经历成为无人能够真正理解的"远方故事"；熟悉的城市也在时间的流逝中悄然改变，不再是记忆中的样子。更深层次的，是一种心理归属的模糊：不再是"留学生"，但也尚未找到国内的新身份定位。

孤独与陌生感，见证你的成长

这种感受虽不舒服，却是你不可磨灭的成长印记。孤独感源自你与过往环境的不匹配，它提醒你已经经历了一场深刻的蜕变，而陌生感则为你探索新的可能性提供了契机。Joanna 在英国留学四年后回国，曾对生活充满期待。然而，朋友们对她的留学故事兴趣寥寥，而她也发现自己已无法完全融入他们的生活。"我意识到，孤独感并不可怕，关键在于如何与它相处并从中成长。"她回忆道。

如何从孤独中找到归属

重新建立日常的节奏与仪式感：回到家乡后，生活节奏可能完全改变，这时，简单的日常仪式能为你带来熟悉的安全感。你可以设立一些"小目标"，比如，每天早晨读 10 页书，或者晚上散步 10 分钟，这些小习惯能让你重新掌控生活节奏。同时，不妨重新探索家乡的文化，比如，尝试特色小吃或参与地方节庆活动，从新体验中找到久违的熟悉感。

借助回忆，与自己深度对话：孤独也是自我反思的契机。整理留学时的照片或日记，重温那些曾让你骄傲的时刻，相信自己拥有强大的适应力和勇气。试着给未来的自己写一封信，记录当下的不适感与希望。几年后再回头看，我们会发现，今天的孤独只是成长路上的一个短暂节点。

主动行动，打破陌生感：归属感的重建需要一些行动来推动。也许尽快找到一份比较适应的工作，融入新的团体和生活，会极大地缓解内心的焦虑和陌生感；同时，不妨尝试新的兴趣爱好，比如参加烹饪课、学习乐器，或加入户外运动小组等。这些活动不仅可以丰富你的生活，还为你提供了结识新朋友的机会。参与社区的志愿活动也不失为一个好选择，在帮助他人的同时，你也会得到内心的满足以及与他人的连接。

与家人重新建立深层联系：多年留学的独立生活可能让你与家人之间产生了一些距离。主动倾听家人的生活故事，了解他们的经历，会让你们找到更多共鸣。这些都能让家人感受到你与他们的亲近，而不是距离。

孤独和陌生并非不可战胜，它们反而是帮助我们重新认识自己的桥梁。孤独让我们学会与自己对话，陌生让我们有机会探索新的可能性。接纳这些情绪，并以行动作为回应，你会发现，回国后的生活不仅是人生旅途的重启，更是一个重新塑造归属感的机会。

从家庭到学校到社会再到自己的内在，
人生总是在不断寻找价值感和归属感。

76

前路不明：怎么应对回国后的求职挑战？

当留学的旅程画上句号后，许多人满怀期待地回到家乡，憧憬着开辟新的人生，然而，现实往往不如预期。当理想的"高薪白领"形象撞上国内职场的激烈竞争，"海归"的光环似乎也不再耀眼。这种落差感让许多回国后的留学生陷入迷茫：求职路为何如此难走？

我们又该如何应对?

🖥 "海归"的光环为何不再

如今,市场对"海归"的期待和评估已然转变。随着留学归国人员数量逐年增加,企业更关注人的实际能力而非学历背景。而各行各业招募需求的快速变化,也让许多留学归国人员发现自己的知识储备难以完全匹配国内市场的需求。

不过,"光环褪去"并不意味着你的海外经历毫无意义。你的国际化视野和多文化适应力依然是职场的一大优势,关键在于如何用实际行动将这些优势转化为职场竞争力。

🖥 为何求职压力让人倍感沉重

对许多归国留学生而言,求职不仅是能力的较量,更是一场心理的博弈。从梦想与现实的落差到家庭和社会的期待,种种因素让人感到迷茫与焦虑。曾在伯明翰大学留学的 Andy 在回国后投递了数十份简历却屡遭拒绝。他坦言:"几次碰壁后,我开始怀疑自己的能力,甚至开始怀疑当初去留学的意义。"

这种迷茫是环境变化带来的自然反应。调整心态并重新审视自己的价值,是应对求职挑战的第一步。

🖥 如何从求职困境中找到突破口

第一步,接纳现实并从实际出发制定目标。不要被"高薪高职"的起点束缚，而应从阶段性目标入手，为长期发展积累经验。
Andy 在调整策略后，选择从实习机会入手，不仅积累了本地经验，
也建立了与行业的直接连接。

第二步，**主动提升与本地市场的契合度**。关注行业需求，学习
相关技能是弥补短板的有效方式。通过培训和项目参与，你可以让
自己的简历更加贴近国内用人单位的实际需求。

第三步，**善用自己的国际化优势**。将语言能力、跨文化适应力
和留学中的实际成果如实呈现给面试官，争取更多的岗位机会。比
如，小颖在面试时强调了自己留学期间完成的商业案例分析，成功
吸引了招聘经理的注意，最终顺利拿到录用通知。

求职挑战确实严峻，阶段策略为你助力。

77

期待如山，压力随形：如何平衡家人和社会的期望？

回国之后大多都会面临求职找工作的现实问题。"工作找到了
吗？""想找什么样的工作啊？""准备进哪个大公司啊？"这些关
切的话语仿佛无形的绳索，将期待和压力一同捆绑而来。对家人而

言，留学后的"成功"是一种默认选项；对社会而言，"海归"似乎就该意味着高起点。然而，在这条看似光鲜的道路上，荆棘和沙石只有自己才能切身地感受到。

家人期待与自我选择的冲突

薇薇刚从英国回到国内时，原本兴奋地期待着新的生活的开始，但逐渐地却感到压力无处不在。父母殷切地希望她选择"体面"的职业，朋友时常用羡慕又带些试探的语气询问她的下一步计划，而薇薇真正感兴趣的是创意文化行业，想要做一名自由职业者，这当然与家人的期待格格不入。她无数次问自己："如果不选择高薪职业，我是不是辜负了家人的期待？"

这种家人的期待和自己心仪的职业方向出现矛盾和冲突的情况并不罕见。家人的期待往往出于爱，但也容易忽视个体的独特需求；而社会的标签化则可能强化压力感，会让我们怀疑自己选择的价值。

期望如山让人倍感沉重

家人的期待更多源于他们对稳定和安全的向往。在父母眼中，留学是一次巨大的投资，他们希望看到"回报"。社会的目光则更加多样化，一部分人可能钦佩"海归"的国际化背景，另一部分人却质疑其实际能力。最重要的是，家人和社会的期望与自我的需求常常存在落差，形成内心的拉扯。薇薇回忆道："我知道父母希望我选择一份让他们满意的工作，但那并不是我想要的生活。"

▣ 如何在期望与自我之间寻求平衡

首先，要学会与家人建立更深层次的沟通。**理解他们的出发点是关心，但也要用清晰的方式表达自己的想法。**与家人坦诚分享你的职业规划，不仅能减少他们的担忧，也能让他们看到你的努力。其实，现在很多家长更担心的是自己的孩子是否会"躺平"甚至"啃老"，因此，只要孩子表达自己想要努力的方向，一般来说，他们都会给孩子尝试的机会。

你可以用具体的想法、可以落地的行动计划和未来职业发展方向的憧憬来打动家长，帮助他们理解你感兴趣的行业也会有非常不错的发展前景。在这里需要提醒的是，这种对话不是对抗，而是相互了解和沟通的过程。薇薇最终通过多次沟通，让父母接受了她的选择，并用阶段性的工作成果打消了他们的疑虑。

要随时调整自己的心态，不要被外界裹挟。**社会对"海归"的期待并非标准答案，你的目标应该由自己定义。**在职业选择上，与其一味追求"看起来成功"，不如专注于真正让自己感到满足的方向。短期内，你可以从积累经验和提升技能入手；长期来看，坚持自我规划的信念，才能找到属于自己的成就感。

还有，请允许自己给压力和挑战留出喘息的空间。薇薇在求职初期设置了一个清晰的目标：四个月内进入行业相关岗位，两年内实现收入稳定。这种明确且可控的规划，让她得以缓解初始压力，专注于当下的每一步。

家人和社会的期望本身并不可怕，它是一种对未来的指引。关键在于，你如何回应这些声音，并从中找到自己的节奏。薇薇最终意识到，与其被期望压垮，不如将它转化为前进的动力："我想证明给家人看，我可以通过自己喜欢的工作，创造稳定且充实的生活。"

世界上本就没有路，走的人多了小径也会成为大道；
拥有做自己的勇气，年轻的你需要属于自己的机会。

78

从期待幻象跌落现实： 如何将成就感与失落感化作动力？

回国后，亲朋好友纷纷热情地竖起大拇指："学成归来的海归啊，必定前途无量！"这话听起来其实并没有那么令人舒心，更多的反而可能会让人心生压力。特别是几个月甚至半年过去，你可能还在为第一份工作的职位、薪资纠结，又或者作为新人在工作中遭遇处处掣肘时，那些期待的热切与现实的落差便显得格外刺眼。

为何成就感与失落同时出现

许多归国留学生在回国初期，会出现成就感和失落感交织混杂的情况，往往是由以下几个原因引起的：

首先，**过高的期待常常是最大的压力源**。家人和社会对"海归"的身份寄予厚望，认为你理应轻松拿到高薪职位或快速晋升。而当这种理想化的预期在短时间内无法实现时，就容易让人感到自我价值被质疑。

其次，**"比较"的心理落差让失落感雪上加霜**。与那些在国内职场已经稳步发展的同龄人相比，你可能会感到自己的职业起点略显迟缓，这种横向对比会无形中放大内心的不安。

另外，**自我认同的错位进一步加剧了困惑**。留学时的成长让你对自己的兴趣和目标更清楚，但国内职场的评价体系可能与之并不完全契合，导致你感觉"成就"的定义变得模糊而心生茫然。

如何在期待与现实之间找到平衡？

你一定要学会逐渐调整心态，**重新定义"成就感"**。职位和薪资固然重要，但它们并不能完全衡量你的努力和价值。试着将关注点从结果转移到过程，**认可自己每一天的努力**。比如，在学习新技能、完成一项任务时找到满足感，而不是一味地追逐那些暂时遥不可及的目标。

Louis 在回国后，曾因为第一份工作的薪资不如预期而感到沮丧，但之后他逐渐意识到：经历了留学后的自己所拥有的独立生活、跨文化交流以及解决问题的能力，都是无法用数字衡量的成就。再说了，现在的薪资只能代表现在，未来有各种可能性，谁的薪资不是从少到多逐步提升的呢？

接受"阶段性成就"的概念。回国后的职业发展是一个逐步积累的过程，而不是一蹴而就的结果，行业大咖也是从新人小白到资深专家历经磨炼成长起来的。你可以从设立短期目标开始，比如，在六个月内熟悉新行业，或完成某项专业认证，这些小成就不仅能让你增强自信，还为你搭建了迈向长期目标的桥梁。还有，千万不要对第一份工作寄予过高的期望，它只是你的起点而非终点，同时，还是积累经验、拓展人脉的重要开端。

要学会将失落感转化为动力。失落感并不可怕，它会让我们意识到需要改变或提升了。与其被情绪困住，不如用行动去调整现状。比如，当你感到不安时，可以主动学习新技能或参加职业发展活动，拓展自己的视野。行动不仅能帮助你积累实际成果，也能有效缓解你的焦虑。

借助支持系统走出低谷也是一种有效的方式。在情绪低潮时，与家人坦诚沟通是非常必要的。向家人表达你的困惑和努力，可以避免彼此因误解而增加压力。此外，参与归国留学生的互助社群也是一个不错的选择。在与他人的交流中，你会发现，很多人都面临着相似的问题，而解决这些问题的经验分享往往能给你带来启发和鼓励。

人生就像起起伏伏的正弦波，经历失落终会反弹出"上坡"。

79

朋友圈的重建： 回国后如何重启和适应新的社交环境？

大家回国之后，当然是希望尽快重新融入熟悉的生活，然而，当面对那些曾经亲密的朋友时，却发现彼此的关系似乎有了些微妙的变化。毕竟过往数年的人生经历迥异，聊起的话题似乎也是不那么投机了。尝试建立新的人际圈子吧，又觉得哪有那么容易，人家凭什么相信你、接纳你？说实话，朋友圈的重建，就像在熟悉的土地上重新开荒，既是对社交能力的考验，也是一次重新认识自己的机会。

过去的朋友，还能回到过去吗

小茉带着满心期待约上高中好友聚会，原以为会像以前那样热络，却发现并不是那样。朋友们讨论的是婚恋交友、房产投资、孩子教育，而她更想分享留学期间体会到的文化冲击和自我成长。她的故事非但没引起共鸣，反而让自己感觉像个"局外人"。

其实，当生活轨迹发生偏移，即使感情基础还在，关系也可能变得疏远。但这并不意味着过去的友谊无从修复，而是需要用新的

方式重新建立连接。接纳变化，理解"熟悉中的陌生"，是重建朋友
圈的第一步。

如何重新找到与老朋友的连接

小茉后来意识到，她不能只靠过去的亲密感维系关系，而是需
要主动适应彼此的新生活状态。**通过用心倾听、表达理解和付出行
动，她逐渐找到了与朋友重新建立连接的方式。**

心理学认为，**倾听比诉说更重要**。很多归国留学生在聚会中热
衷于分享自己的留学故事，却忽视了朋友的生活变化。请你试着把
更多的时间留给用心倾听，比如，了解他们的近况、工作和兴趣，
还有烦恼和困境，也许你会有新的发现。比如小茉，就很快学会了
关注朋友的日常，甚至主动参与他们喜欢的话题，从中找到新的共
同点。

当然，用心倾听的同时，还要学会**用行动延续感情**。因为关系
的修复需要时间和互动的累积。可以通过策划一些小活动，如一起
去健身、看展览，或是体验新开的咖啡馆和餐厅，以此来逐渐拉近
彼此的距离。同时，别忘了用细节表达关心，如一条问候的消息，
或是在重要日子送上祝福，这些都会让人感受到感情的延续。

从兴趣和行动开始，建立新的朋友圈

在调整老友关系的同时，构建新的人际网络也是回国后社交的
重点。不妨从兴趣出发，找到志同道合的人。

通过兴趣圈子拓展交际。参加各种兴趣活动是结交新朋友的好机会，如读书会、摄影沙龙或跑步俱乐部。你能在这些活动中自然地与他人建立起轻松的关系。

尝试公益和志愿服务。为一个共同的目标努力，能迅速拉近彼此的距离。小茉加入了一个公益组织，认识了许多热情、积极的人，不仅从他们身上得到了力量和支持，还获得了一群志同道合的新朋友。

▥ 打破对社交的完美幻想

在朋友圈的重建中，不要追求数量或完美，遇到真正"适合"自己的人最重要。正所谓高山流水，知音难觅，人生得一知己足矣。社交不是一场"人脉竞赛"，而是心与心碰撞，灵魂与灵魂交织的过程。有些朋友可能只能成为"点头之交"，而另一些人则会陪你走得更远。

求同存异，尊重差异，接受每段关系的独特性，才能让你更自在地融入新的环境。晓莉逐渐意识到，她并不需要每次聚会都"讨好"所有人，只要找到能让自己感到舒适的相处方式就足够了。

▥ 社交，是重新认识自己的契机

新旧朋友圈的重建不仅是与他人连接的过程，更是重新理解自我、找到心灵归属的契机。在接受变化的同时，主动迈出一步，你会在老朋友中发现新的默契，也会在新朋友中找到与自己心意相通的契合和共鸣。正如那句：

> 你若盛开，清风自来；
> 根深叶茂，良禽满怀。

80

心灵的智慧：如何把留学经历转化为个人成长的资源？

出国留学这段跨越时空的心灵探索之旅，不仅是学业知识的积累，更是对自我和世界的全新认知。回国后，当你回首这段经历，或许会意识到，它远不止于一纸文凭，而是一大笔蕴藏在你内心深处的财富。关键在于，该如何将这笔巨大的财富转化为成长前行的动力。

留学经历的独特价值

每一段留学经历都是独一无二的，它为我们的成长带来了深刻的改变。下面描述的几个方面只是众多价值中的一部分。

提高了自我认知。 在新的环境中，脱离熟悉的文化背景，你不得不重新审视自己。留学让你更了解自己的能力和界限，同时也挑战了固有的世界观和价值观。比如，你可能在与不同文化的碰撞中重新理解了自己的文化身份。

增强了适应能力。无论是解决签证问题、应对学术压力，还是与陌生文化打交道，留学教会了你如何在复杂环境中快速调整。这种适应能力，是在任何未知中找到稳定感的基础。

拓展了全球化视野。在不同的文化背景下生活和学习，你接触到了多元化的思维方式和生活方式。这不仅丰富了你的认知，也让你在面对问题时更能跳出惯性思维，用全局的视角看待挑战。

如何将留学经历转化为成长资源

回顾并提炼经历的意义。留学是一段充满细节的旅程，梳理这些经历可以帮助你从中发现不一样的价值。试着回想那些让你成长的重要时刻，无论是一次跨文化的对话，还是在陌生城市迷路时找到方向的经历。**这些时刻不仅塑造了你，也为未来提供了重要的参考坐标**。

回国后的社会期待可能让你对自己已取得的成绩产生疑问。但成就感不仅来源于外界的评价，**更源自内心的认同**。或许就像上面所说的那样，你可以通过回顾留学期间克服的挑战，如学术突破或适应新环境，重新发现自己的潜力和努力的价值。

将体验融入生活和职业。留学带来的视野和能力，不应仅停留在回忆中，而应该成为你的"工具箱"。比如，运用跨文化的沟通技巧，改善职场团队协作；或者将快速适应新环境的能力应用于国内的生活和工作中。你会发现，留学赋予你的技能几乎在任何领域都能找到用武之地。

📖 培养"成长性思维"

相信每一次经历都有其意义。在留学期间，你或许已经学会了如何面对不确定性。如今，回国后的挑战你一定也可以很好应对。用同样的开放心态去迎接新的未知，我们会发现自己比想象中更有韧性。

持续激发学习的热情。留学不仅是一段学术旅程，更是对终身学习能力的启发。回国后，无论是职业技能的提升，还是生活兴趣的探索，都能让你在不断前进中感受到成长的喜悦。

新知的累积固然让人欣慰，心灵的成长更会令人喜悦。

81

回报父母、报效祖国：怎么迈出归国"传经送宝"的第一步？

请你相信，归国后的你，已然站在一个全新的起点。不过，就像《西游记》中获得"神位"加持的唐僧师徒，也面临着"返唐"

之后的传经重任一样，学成归来的你，虽没有黄袍加身，但必定任重道远。

请展开你无限的想象力，沉醉式地想象一下：在那遥远的异国他乡，有一群怀揣梦想的留学生，他们历经九九八十一难——包括但不限于语言过关、作业论文、考试答辩、被蒙被骗、经济危机、忍辱负重等"妖魔鬼怪"的刁难，终于修得正果，满载"真经"而归，踌躇满志，一心想大展宏图。

然而，飞机上还在沾沾自喜，一落地就开始忐忑不安了，毕竟是回来求职"抢地盘"的，据说现在"海归"已经不香了，前景不明。而且想要"传经送宝"，熟练展示这些年学到的"降妖大法"，可不是像念几句经文那么简单，全是硬核实战，来不得半点虚假啊！

怎么办？怎么办？别着急，其实没有那么悬，咱们先捋捋回国后的前几步应该怎么走吧。

首先，**你得回报父母**。当年你老爸老妈为了供你出国留学，那可是倾尽所有，连压箱底的私房钱都掏出来了。现在，你学成归来，怎么也得拿出点实际行动来回报他们的长期付出吧。除了带他们去旅旅游，尝尝你亲手做的"留学家常菜"，还得尽快找份像样的工作，或者就职于家族企业，挣钱养活自己，**切记把第一个月工资包成红包送给他们**，你这个孩子就没有白养——你父母会感动得稀里哗啦的，你回报父母的心愿第一关就算圆满达成了（此处给你点赞）。

当然，比回报父母**更难的是报效祖国**，这可是个超级大活儿，得慢慢来。你可以投身科研，为国家的科技进步添砖加瓦；也可以投身教育，培养更多的专业人才；或者，干脆自己创业，用海外的先进理念和技术，在国内闯出一片天地。无论你在做什么，哪怕是类似猪八戒变身小网红，沙和尚骑车送外卖，只要你在努力工作，你就是在为社会、为国家做贡献，虽然微薄，却很实在。

请记住：**职场才是真正的火焰山**。本以为咱是取经归来手持金箍棒的齐天大圣，结果却是高不成低不就被"面试官"压在五行山下的"海龟"。好不容易进入格子间成为一名"996 斗战胜佛"，也不过是写代码、做方案、跑市场、倒咖啡，只能跟着前辈的脚印走，围着上司的思路转。还得像孙悟空初入天庭一样，学会和各路神仙大佬们打交道，尽快适应国内的工作环境、人际关系以及社会交往的规矩，总之千万别摆出一副"海归派"的架子，那样可是会吃大亏的。记住，低调做人，高调做事，这样才能在职场上站稳脚跟。

综上所述，留学生"返唐传经"必须经历跟之前迥然不同的心路历程，当你**怀揣神圣的使命感迎接机遇和挑战**的时候，别担心，只要你勇敢地迈出第一步，就可以坚定地走下去，因为条条大路通罗马、涓涓细流入海洋；只要你一直在路上，无论是回报父母、报效祖国，还是适应全新的工作和环境，你都能越来越游刃有余地应对，有惊无险地过关。毕竟，咱们可是经历过九九八十一关磨难"西天取经"历练的"齐天大圣"啊！

因此，学成归来的留学生们，大胆地往前走吧！你们的曾经，比唐僧师徒的西天取经还要精彩；你们的未来，也必将如星辰般璀璨。用你们中外合璧的智慧，开启无限的可能，为中华民族伟大复兴增添一缕光亮，不负韶华，勇往直前吧！最后，一起共勉：

仰望星空，脚踏实地；未来的世界，有我也有你。

附录：爱情观层次测评结果

◇ 先记录每道题的选项得分如下，然后把 10 道题的得分相加：

题目	选项得分			
	A	B	C	D
第 1 题	4	3	2	1
第 2 题	2	3	4	1
第 3 题	3	1	4	2
第 4 题	2	4	3	1
第 5 题	1	4	3	2
第 6 题	1	4	2	3
第 7 题	4	2	1	3
第 8 题	2	1	3	4
第 9 题	3	2	4	1
第 10 题	4	3	2	1
总分	（把 10 道题的得分相加得出总分）			

你的爱情观层次是：

爱情观：大学水平（33~40 分）

爱情观：中学水平（26~32 分）

爱情观：小学水平（20~25 分）

爱情观：幼儿园水平（19 分及以下）

由于篇幅所限，想了解更多解读，请关注 CISC 微信公众号，在"心理测评"菜单中进行查看。